应对专利审查意见的36条兵法

刘小勤 著

·北京·

图书在版编目（CIP）数据

应对专利审查意见的36条兵法 / 刘小勤著. —北京：科学技术文献出版社，2021.12（2025.1重印）
ISBN 978-7-5189-8682-8

Ⅰ.①应… Ⅱ.①刘… Ⅲ.①专利—审查—法律—研究—中国 Ⅳ.① D923.424

中国版本图书馆 CIP 数据核字（2021）第 255063 号

应对专利审查意见的36条兵法

| 策划编辑：周国臻 | 责任编辑：宋红梅 | 责任校对：张永霞 | 责任出版：张志平 |

出 版 者	科学技术文献出版社
地　　　址	北京市复兴路15号　邮编　100038
编 务 部	（010）58882938，58882087（传真）
发 行 部	（010）58882868，58882870（传真）
邮 购 部	（010）58882873
官方网址	www.stdp.com.cn
发 行 者	科学技术文献出版社发行　全国各地新华书店经销
印 刷 者	北京九州迅驰传媒文化有限公司
版　　　次	2021年12月第1版　2025年1月第2次印刷
开　　　本	710×1000　1/16
字　　　数	161千
印　　　张	9.5
书　　　号	ISBN 978-7-5189-8682-8
定　　　价	36.00元

版权所有　违法必究

购买本社图书，凡字迹不清、缺页、倒页、脱页者，本社发行部负责调换

前　言

2021年9月，中共中央、国务院印发了《知识产权强国建设纲要（2021—2035年）》，描绘出我国加快建设知识产权强国的宏伟蓝图："到2025年，知识产权强国建设取得明显成效，知识产权保护更加严格，社会满意度达到并保持较高水平，知识产权市场价值进一步凸显，品牌竞争力大幅提升，专利密集型产业增加值占GDP比重达到13%，版权产业增加值占GDP比重达到7.5%，知识产权使用费年进出口总额达到3500亿元，每万人口高价值发明专利拥有量达到12件(上述指标均为预期性指标)。到2035年，我国知识产权综合竞争力跻身世界前列，知识产权制度系统完备，知识产权促进创新创业蓬勃发展，全社会知识产权文化自觉基本形成，全方位、多层次参与知识产权全球治理的国际合作格局基本形成，中国特色、世界水平的知识产权强国基本建成。"这标志着未来15年，我国将从知识产权引进大国，向着创造大国的方向快速转变，知识产权工作将从追求数量，向着提高质量的方向全面迈进。

专利作为一种无形资产，目前越来越受到人们的关注。根据国家知识产权局公布的《2020年知识产权统计年报》，2020年国家知识产权局受理国内外发明专利申请共计1 497 159件，实用新型专利申请2 926 633件，外观设计专利申请770 362件，申请人以企业占比最大，其次是个人、高等院校、科研机构和事业单位。

专利申请提交后，国家知识产权局负责对其进行审查，并以下发《审查意见通知书》的形式指出专利申请中存在的问题，申请人需要在指定的期限内及时、正确地进行答复，才能获得专利授权。而答复专利审查意见是一项法律、技术高度结合的工作，其难度大、专业性强，可变度高、难以预测未来走向，是阻挡企业、高校、个人等拿到专利授权的关键一环。如果一份专利申请无法获得授权，就难以实现真正的专利价值，更谈不上维护申请人的合法权益，以及通过专利运营进行价值变现。因此，学习正确地应对千变万化的专利审查意见非常重要。

目前，专利代理师撰写专利申请文件可以通过实习、上岗培训、网络课程等多种渠道获得指导内容，但是对于如何答复审查意见却少见系统性的学习途径，往往需要自己在工作中慢慢摸索，幸运的话由一位师傅结合碰到的个别案例进行随机指导。本书尝试总结笔者多年答复审查意见工作的经验，希望能为同行提供一个交流学习的途径，帮助专利代理师及从事相关工作的人快速成长。

本书由三部分组成。

第一部分，介绍专利审查意见的基本内容，以及专利代理师答复工作的基本原则。

第二部分，就审查意见中常见意见类型、引用法条进行分析，每一节由针对理由、应对策略和案例解析3个部分组成，其中，针对理由是指《审查意见通知书》中，针对《专利法》《专利法实施细则》的哪一条哪一款，可能驳回本申请。应对策略是笔者根据自身经验，结合行业前辈的指点，总结出的可能有用的方法。案例解析则是通过介绍真实案例，便于大家理解相应兵法该如何使用，从而可以借助本书的阐述，提升自己的工作能力，在今后具体的工作环境中，形成属于每个人自己的独特答复思路。

第三部分，就审查意见中关于创造性问题的内容进行展开，创造性问题是发明专利申请常会遇到的驳回理由，由于创造性问题的应对策略较多，为了充分向大家介绍如何应对创造性问题，同时也出于保持本书各部分内容之间平衡性的考虑，笔者将创造性问题放在第三部分中着重介绍。每一节由应对策略和案例解析2个部分组成，形式与第二部分基本一致。

需要说明的是，本书中引用《审查意见通知书》原文，对于其涉及的法律条款保留原样。其中，《专利法》是指根据2008年12月27日第十一届全国人民代表大会常务委员会第六次会议《关于修改〈中华人民共和国专利法〉的决定》进行第三次修正的版本。本书定稿时,《专利法》已经进行了第四次修改,但不影响本书正文的内容。为了便于读者了解有关信息,本书对涉及第四次修正的内容在正文第一处进行了说明。《专利法实施细则》是指根据 2010 年 1 月 9 日《国务院关于修改〈中华人民共和国专利法实施细则〉的决定》进行第二次修订的版本。《专利审查指南》是指根据国家知识产权局第三四三号公告——国家知识产权局关于修改《专利审查指南》的决定进行修改的版本,即国家知识产权局制定的《专利审查指南 2010(2019 年修订)》,由知识产权出版社于 2020 年 3 月出版。

最后,衷心希望本书的内容能给专利代理师、知识产权顾问、企业和高校申请专利及从事知识产权管理等相关工作的人带来一定的帮助。本书主要是笔者工作经验的总结实录,因个人水平有限,难免有疏漏或错误不妥之处,欢迎广大读者批评指正!

目 录

第一部分　知己知彼，百战不殆 ························· 001
  知彼之道：驳回条款 ································· 002
  知己之道：答复原则 ································· 006

第二部分　常见法条的应对策略 ························· 008
  兵法 1　专利申请的类型 ····························· 009
  兵法 2　妨害公共利益 ······························· 010
  兵法 3　同样的发明创造 ····························· 013
  兵法 4　新颖性问题 ································· 018
  兵法 5　专利申请的客体 ····························· 020
  兵法 6　说明书未充分公开 ··························· 024
  兵法 7　权利要求未以说明书为依据 ··················· 028
  兵法 8　权利要求不清楚 ····························· 030
  兵法 9　修改超范围 ································· 034
  兵法 10　缺少必要技术特征 ·························· 036

第三部分　创造性问题的应对策略 ······················· 038
  兵法 11　最接近的现有技术 ·························· 040
  兵法 12　特征未一一比对 ···························· 044
  兵法 13　遗漏技术特征 ······························ 051
  兵法 14　技术特征实质不同 ·························· 054
  兵法 15　区别特征为公知常识 ························ 059
  兵法 16　区别特征之间的划分方式 ···················· 064

兵法 17	忽略区别特征之间的联系	068
兵法 18	忽略区别特征与其他特征的联系	073
兵法 19	技术问题上位化	076
兵法 20	技术问题手段化	078
兵法 21	技术问题特征化	081
兵法 22	技术问题不同于 D1	086
兵法 23	D1 不存在该技术问题	091
兵法 24	技术问题来源于 D2	093
兵法 25	技术问题选择性忽略	096
兵法 26	定义多个技术问题	098
兵法 27	没有确定技术问题	103
兵法 28	发现技术问题的障碍	105
兵法 29	D2 没有公开区别特征	109
兵法 30	区别特征在 D2 中的作用	116
兵法 31	D1/D2 给出相反的教导	119
兵法 32	D1 与 D2 的结合障碍	121
兵法 33	转用发明	125
兵法 34	要素变更发明	128
兵法 35	意想不到的技术效果	131
兵法 36	授权加分项	135

参考文献 141

致　谢 142

后　记 144

第一部分　知己知彼，百战不殆

答复审查意见是专利代理师工作中的重要内容，绝大多数发明专利申请都会收到审查意见通知书，有一些发明专利申请还可能收到多次审查意见通知书。如何有效应对审查意见，是专利代理师必须思考的问题。然而，国内少有答复审查意见的培训课程，关于如何撰写专利倒是有一些介绍，似乎大家更加关注如何写好专利申请，而忽略了答复审查意见的重要性。

没有经过实审的洗礼，没有经过与现有技术的比较，专利的价值和稳定性便难以评估。从程序上讲，发明专利一般都会收到审查意见通知书，一部分实用新型专利、外观设计专利也会收到审查意见通知书，倘若不进行审查意见的答复，专利申请将会被视为撤回。因此，除了少部分"幸运儿"在没有答复审查意见的情况下直接收到授权通知之外，大多数专利申请必须答复审查意见，经过与最接近的现有技术的比较，确定合适的权利要求保护范围，才可能最终获得专利授权。收到审查意见是常态，这种情况本身并不意味着专利技术不够好，也不是必然等价于专利申请没写好。

因此，作为授权前的重要一环，答好审查意见意义重大；反之，不答复或者没答好，本来可能授权的专利也将被视为撤回或者被驳回。虽然有复审等后续救济程序，但是却拉长审查周期，使申请人投入更多的时间，承担更多的费用。

答复审查意见时，专利代理师和审查员的立场往往是相反的。专利代理师站在维护申请人利益的角度，尽可能帮助申请人获得专利授权，最好保护范围大一些；审查员站在依法审查的角度，指出专利申请的种种不足，倾向驳回该申请，或者给一个小一些的专利权保护范围。矛盾的产生往往是角色不同引发的，专利代理师和审查员的工作定位不同，因此会有不同的主张，这跟专利代理师自身、审查员自身没有关系。我想说的是，无论专利代理师收到什么样的审查意见，都应当基于尊重彼此工作的前提开展答复，不宜带入过多个人情绪。

孙子有曰："知己知彼，百战不殆"，意思是如果对敌我双方的情况都能了解透彻，打起仗来就可以立于不败之地。敌我双方本没有区别，仅是各为其主，如果把专利审查比喻成一场关于专利能否授权的"争战"，那么答复审查意见则是围绕保护创新的目的，在专利代理师和审查员之间开展的一场思维较量，专利代理师不仅要清楚审查员将会使用何种"武器"——驳回条款，还要明白自己手里有哪些"筹码"——应对策略，才能不慌不乱、淡定从容地做出意见陈述，在久经"沙场"之后，专利代理师方能心领神会审查员心中的专利授权标准，并"反哺"到之后的专利撰写工作中，实现专利撰写和答复审查意见之间的良性互动，最终写出审查员倾向于授权的专利申请文件，在答复审查意见时也能答到使审查员倾向于发出授权通知的点子上，最终促成这场保护创新的大战以双方都满意的态势早日落下帷幕，缩短审查周期，节约人力成本，实现知识产权界的和谐共赢。

知彼之道：驳回条款

专利申请经过审查后不满足相应的法条规定，审查员会发出审查意见通知书，并在其中写明该专利不符合相应法条规定的具体理由，申请人经过修改、答复后，仍然不满足这些法条，审查员可以发出驳回专利申请的通知，这些影响专利申请命运的关键法条，我们称之为驳回条款。

驳回条款是审查员用来驳回专利申请的武器，也是专利代理师工作中需要重点关注的内容，理想的情况是可以在申请文件撰写阶段就给予注意，这样能在一定程度上加快专利授权的速度。在实际答复审查意见的工作中，专利代理师对专利申请可能涉及的驳回条款要做到心中有数，即知晓相应法条的具体内容，才有可能找到正确的审查意见应对策略。

专利审查根据专利申请类型的不同，程序有所差异，在我国，发明专利需经过初步审查和实质审查，实用新型专利和外观设计专利需经过初步审查，不论是在初步审查，还是实质审查中，不满足相应的法条规定，都可能驳回专利申请，以下分别进行介绍。

【初步审查中】

《中华人民共和国专利法实施细则》（简称"专利法实施细则"）中第四十四条规定了初步审查中依据的法条[①]：专利法第三十四条和第四十条所称初步审查，是指审查专利申请是否具备专利法第二十六条或者第二十七条规定的文件和其他必要的文件，这些文件是否符合规定的格式，并审查下列各项：

（一）发明专利申请是否明显属于专利法第五条、第二十五条规定的情形，是否不符合专利法第十八条、第十九条第一款、第二十条第一款或者本细则第十六条、第二十六条第二款的规定，是否明显不符合专利法第二条第二款、第二十六条第五款、第三十一条第一款、第三十三条或者本细则第十七条至第二十一条的规定；

（二）实用新型专利申请是否明显属于专利法第五条、第二十五条规定的情形，是否不符合专利法第十八条、第十九条第一款、第二十条第一款或者本细则第十六条至第十九条、第二十一条至第二十三条的规定，是否明显不符合专利法第二条第三款、第二十二条第二款、第四款、第二十六条第三款、第四款、第三十一条第一款、第三十三条或者本细则第二十条、第四十三条第一款的规定，是否依照专利法第九条规定不能取得专利权；

（三）外观设计专利申请是否明显属于专利法第五条、第二十五条第一款第（六）项规定的情形，是否不符合专利法第十八条、第十九条第一款或者本细则第十六条、第二十七条、第二十八条的规定，是否明显不符合专利法第二条第四款、第二十三条第一款、第二十七条第二款、第三十一条第二款、第三十三条或者本细则第四十三条第一款的规定，是否依照专利法第九条规定不能取得专利权；

（四）申请文件是否符合本细则第二条、第三条第一款的规定。

国务院专利行政部门应当将审查意见通知申请人，要求其在指定期限

[①] 本书中引用的专利法、专利法实施细则、专利审查指南中的条款，以及专利申请书中的条款和审查意见通知书中的表述及文字等均保留原状，未作修改。

内陈述意见或者补正；申请人期满未答复的，其申请视为撤回。申请人陈述意见或者补正后，国务院专利行政部门仍然认为不符合前款所列各项规定的，应当予以驳回。

【实质审查中】

专利法实施细则中第五十三条规定了实质审查中驳回依据的法条：依照专利法第三十八条的规定，发明专利申请经实质审查应当予以驳回的情形是指：

（一）申请属于专利法第五条、第二十五条规定的情形，或者依照专利法第九条规定不能取得专利权的；

（二）申请不符合专利法第二条第二款、第二十条第一款、第二十二条、第二十六条第三款、第四款、第五款、第三十一条第一款或者本细则第二十条第二款规定的；

（三）申请的修改不符合专利法第三十三条规定，或者分案的申请不符合本细则第四十三条第一款的规定的。

【常见条款】

笔者认为，上述条款看似庞杂，实际在工作中经常遇到的驳回条款只有8条，分别如下。

在《中华人民共和国专利法》（简称"专利法"）中有：

第二条 本法所称的发明创造是指发明、实用新型和外观设计。

发明，是指对产品、方法或者其改进所提出的新的技术方案。

实用新型，是指对产品的形状、构造或者其结合所提出的适于实用的新的技术方案。

外观设计，是指对产品的形状、图案或者其结合以及色彩与形状、图案的结合所作出的富有美感并适于工业应用的新设计。[①]

第五条 对违反法律、社会公德或者妨害公共利益的发明创造，不授予专利权。

对违反法律、行政法规的规定获取或者利用遗传资源，并依赖该遗传资源完成的发明创造，不授予专利权。

第九条 同样的发明创造只能授予一项专利权。但是，同一申请人同

[①] 《专利法》第四次修正中，将外观设计的定义修改为：外观设计，是指对产品的整体或者局部的形状、图案或者其结合以及色彩与形状、图案的结合所作出的富有美感并适于工业应用的新设计。

日对同样的发明创造既申请实用新型专利又申请发明专利，先获得的实用新型专利权尚未终止，且申请人声明放弃该实用新型专利权的，可以授予发明专利权。

两个以上的申请人分别就同样的发明创造申请专利的，专利权授予最先申请的人。

第二十二条 授予专利权的发明和实用新型，应当具备新颖性、创造性和实用性。

新颖性，是指该发明或者实用新型不属于现有技术；也没有任何单位或者个人就同样的发明或者实用新型在申请日以前向国务院专利行政部门提出过申请，并记载在申请日以后公布的专利申请文件或者公告的专利文件中。

创造性，是指与现有技术相比，该发明具有突出的实质性特点和显著的进步，该实用新型具有实质性特点和进步。

实用性，是指该发明或者实用新型能够制造或者使用，并且能够产生积极效果。

本法所称现有技术，是指申请日以前在国内外为公众所知的技术。

第二十五条 对下列各项，不授予专利权：

（一）科学发现；

（二）智力活动的规则和方法；

（三）疾病的诊断和治疗方法；

（四）动物和植物品种；

（五）用原子核变换方法获得的物质；

（六）对平面印刷品的图案、色彩或者二者的结合作出的主要起标识作用的设计。

对前款第（四）项所列产品的生产方法，可以依照本法规定授予专利权。[1]

---

[1]《专利法》第四次修正中，将第二十五条修改为：

对下列各项，不授予专利权：

（一）科学发现；

（二）智力活动的规则和方法；

（三）疾病的诊断和治疗方法；

（四）动物和植物品种；

（五）原子核变换方法以及用原子核变换方法获得的物质；

（六）对平面印刷品的图案、色彩或者二者的结合作出的主要起标识作用的设计。

对前款第（四）项所列产品的生产方法，可以依照本法规定授予专利权。

第二十六条 说明书应当对发明或者实用新型作出清楚、完整的说明，以所属技术领域的技术人员能够实现为准；必要的时候，应当有附图。摘要应当简要说明发明或者实用新型的技术要点。

权利要求书应当以说明书为依据，清楚、简要地限定要求专利保护的范围。

依赖遗传资源完成的发明创造，申请人应当在专利申请文件中说明该遗传资源的直接来源和原始来源；申请人无法说明原始来源的，应当陈述理由。

第三十一条 一件发明或者实用新型专利申请应当限于一项发明或者实用新型。属于一个总的发明构思的两项以上的发明或者实用新型，可以作为一件申请提出。

一件外观设计专利申请应当限于一项外观设计。同一产品两项以上的相似外观设计，或者用于同一类别并且成套出售或者使用的产品的两项以上外观设计，可以作为一件申请提出。

在专利法实施细则中的有：

第二十条第二款 独立权利要求应当从整体上反映发明或者实用新型的技术方案，记载解决技术问题的必要技术特征。

专利代理师应当对上述8个法条了然于心，才能在阅读审查意见过程中锁定目标，对审查员提出的问题进行有针对性的回应，对专利申请文件进行有策略性的修改，从而有利于专利的早日授权。

知己之道：答复原则

企业、高校等专利申请人与代理机构建立专利委托关系后，一般是代理机构先收到国家知识产权局发出的审查意见通知书，通常，代理机构会将该审查意见通知书转发给申请人，使申请人了解专利的进展，同时，代理机构也会安排合适的专利代理师着手答复工作，专利代理师收到审查意见通知书后，可以简单浏览下通知书，关注点主要包括：

①发文日期，通过发文日期对答复期限有个大概的了解，避免错过答复期限。

②申请人及专利名称，通过这些信息快速定位通知书针对的具体案件。

③引用的对比文件列表，这些文件将在审查意见中逐一出现，是专利代理师需要重点了解，甚至反复阅读全文的重要文件。

④审查的结论性意见，从中可以直观地获知本案可能存在的缺陷，为后面的答复指明大致的方向。

通常，在简单浏览后，可以进入精读环节，即仔细阅读审查意见通知书的正文部分，结合对比文件了解审查员的审查思路，并结合本申请的情况，判断审查意见是否中肯，是否需要修改原申请文件，以及如何陈述有利于本案授权的理由。

当需要进行修改时，还要考虑修改不能超出原说明书和权利要求书记载的范围（详见兵法9）。在进行意见陈述时，应要点突出，建议按要点展开，可以结合下划线、加粗等方式来增强对比效果；在每一个要点分析时，可以将论点与论据结合，从而使说理有所依据，有针对性。写完意见陈述之后，专利代理师可以站在审查员视角再从头看一遍：我是否写清楚了，是否明确表达了我的意思，是否说理充分……

上面介绍了答复工作的大致开展流程，关于答复原则，笔者认为没有通用的准则，专利申请的个案性很强，申请人可能想要尽早授权，也可能愿意为一个较大的保护范围而等待更长的审查流程，专利代理师在给出专业建议的同时，也要尊重申请人的意愿。而审查员针对专利申请会提出何种问题，会选择哪些对比文件，是否会因为专利代理师的答复进行补充检索，等等，也是难以提前预知的。因此，专利代理师要学会在变化中采用灵活的应对策略，相机而动。

另外，专利代理师也需要考虑是否寻求企业技术人员的支持，尤其是当案件涉及自己不太熟悉的技术领域时，通过企业技术人员针对案件与对比文件的技术差别分析，可以把握案件基于现有技术做出了哪些改进，以及这些改进对应的真实技术效果，这对于专利修改的思路和确定意见陈述的要点，都具有重要的意义。

本书第二部分和第三部分，针对专利代理师在审查意见中常遇到的一些问题进行策略分析，总结为36条兵法。需要说明的是，在一个案件中，可能需要采用多种兵法相结合，才能有力度地说服审查员，发出授权通知书。

第二部分　常见法条的应对策略

本部分内容根据审查意见中常见驳回条款，进行应对策略分析，为专利代理师的工作提供建议，尤其就在意见陈述中如何展开分析进行了经验总结。每条兵法由针对理由、应对策略和案例解析3个部分组成，其中，针对理由是指审查意见通知书中，针对专利法、专利法实施细则的哪一条哪一款，可能驳回本申请。应对策略是笔者根据自身经验，结合行业前辈的指点，总结出的可能有用的方法。案例解析则是通过介绍真实案例，便于大家理解相应兵法该如何使用，从而可以借助本书的阐述，提升自己的工作能力，在今后具体的工作环境中，形成属于每个人自己的独特答复思路。为了方便读者阅读，笔者摘录了大多数案例的最终授权文本，并对实审中权利要求有修改的内容进行下划线标记；通过对比授权前后的改动内容，也许能够帮助大家快速理解案例的修改思路和修改策略。

创造性问题是发明专利申请常会遇到的驳回理由，由于创造性问题的应对策略较多，为了充分向大家介绍如何应对创造性问题，同时也出于保持本书各部分内容之间平衡性的考虑，笔者将创造性问题放在第三部分中着重介绍。

兵法1　专利申请的类型

【针对理由】专利申请不满足专利法第二条的规定。

专利法第二条

本法所称的发明创造是指发明、实用新型和外观设计。

发明，是指对产品、方法或者其改进所提出的新的技术方案。

实用新型，是指对产品的形状、构造或者其结合所提出的适于实用的新的技术方案。

外观设计，是指对产品的形状、图案或者其结合以及色彩与形状、图案的结合所作出的富有美感并适于工业应用的新设计。

【应对策略】

专利法第二条对发明、实用新型和外观设计分别给出了定义，专利申请不符合专利法中关于3种专利类型的定义，其可能是因为权利要求保护的对象与专利类型的不匹配，如实用新型不保护材料配方比例、外观设计不保护产品的使用方法等。

在这种情况下，要通过修改权利要求书，避免所要求保护的技术方案与申请类型的不匹配，以实用新型为例，当权利要求涉及对物质的限定时，该物质应为已知材料。当审查员指出权利要求涉及新材料配方问题时，可以提供证据证明其为已知材料，同时在说明书中使用该已知材料的名称表示该物质组分，然后将该名称写入权利要求。对于不存在通用名称的已知材料，申请人可以在说明书中为该组成或配比构成的材料定义一个名称，然后将该名称写入权利要求。

【案例解析】申请号为CN201920932782.0的实用新型专利申请，涉及水性温控粘离胶固定结构，原始申请文件的权利要求1如下：

1. 一种水性温控粘离胶固定结构，其特征在于：包括离型层、粘离胶层及基材，所述离型层完全覆盖所述粘离胶层，所述粘离胶层贴附在所述基材上；所述粘离胶层为胶粘剂和氢化松香甲酯混合物层，厚度为 $10\sim60\,\mu m$。

审查员经过初步审查发出第一次审查意见通知书，指出该专利申请存在下列缺陷：权利要求1中的技术方案包括"所述粘离胶层为胶粘剂和氢化松香甲酯混合物层"，其是对物质组分的限定，而物质的组分不属于实用新型专利给予保护的产品的构造，因此不符合专利法第二条第三款的规定。

专利代理师在答复审查意见时，将权利要求1中"胶粘剂和氢化松香甲酯混合物层"修改为"氢化松香甲酯胶粘层"，同时在说明书中定义了：氢化松香甲酯胶粘层是胶粘剂和氢化松香甲酯混合物干燥形成的层。

在意见陈述时，指出：由于本领域中不存在通用名称，申请人在说明书中定义了氢化松香甲酯胶粘层是胶粘剂和氢化松香甲酯混合物干燥形成的层。并将氢化松香甲酯胶粘层写入权利要求1中。

本领域技术人员知晓，胶粘剂和氢化松香甲酯混合后得到的混合物，采用常规干燥方法可以形成的薄层，参见《溶剂型丙烯酸酯压敏胶的制备与性能研究》[①]中1.2~1.3节记载：压敏胶是一种常见的胶粘剂，压敏胶溶液中加入氢化松香树脂得到的混合物胶液涂布后烘箱干燥得到胶层。可见，胶粘剂和氢化松香甲酯混合物干燥形成的层属于现有技术。

经过答复审查意见后该实用新型专利获得授权，在授权公告号CN 210765128U中，权利要求1的内容如下：

1. 一种水性温控粘离胶固定结构，其特征在于：包括离型层、粘离胶层及基材，所述离型层完全覆盖所述粘离胶层，所述粘离胶层贴附在所述基材上；所述粘离胶层为氢化松香甲酯胶粘层，厚度为10~60μm。

兵法2　妨害公共利益

【针对理由】专利申请不满足专利法第五条的规定。

专利法第五条

对违反法律、社会公德或者妨害公共利益的发明创造，不授予专利权。

对违反法律、行政法规的规定获取或者利用遗传资源，并依赖该遗传资源完成的发明创造，不授予专利权。

【应对策略】

专利代理师要针对审查员指出的对应字段进行修改，并阐述修改后的权利要求，不属于专利法第五条规定的不授予专利权的理由。通常，对违反

---

① 张晓雯，丁宇婷，张官理，等.溶剂型丙烯酸酯压敏胶的制备与性能研究[J].化学与黏合，2011，33（5）：14-17.

法律、社会公德的专利申请，在申请之前可能已经被阻挡，更多地，专利代理师面对的是以妨害公共利益为由而不能授权的情况。

妨害公共利益，是指发明创造的实施或使用会给公众或社会造成危害，或者会使国家和社会的正常秩序受到影响。是否会妨害公共利益，可以从如下3个方面依次分析[1]：①受影响的对象应该是公众，即非特定的第三人，单独的个体、特定的群体，都不属于该范畴；②这种妨害公共利益的行为应当是客观存在的，或是确切发生的，可能的滥用或设想的情形都不应属于该范畴；③它构成生理意义上或者精神层面的危害，其判断基础和出发点、落脚点，是以公众作为主体的公共利益。

专利代理师可以从上述3个方面入手，只有在上述3个方面同时成立时，才能说本专利妨害公共利益，也就是说，只要其中之一不满足，则不能以妨害公共利益为由驳回本申请。例如，专利代理师可以就受影响的对象进行分析，提出本专利影响的是特定的第三人。再比如，专利代理师可以对审查意见中出现的"必然"一词进行反驳，审查意见中可能会出现"本申请实施必然会对……造成危害，用户的公共利益必然会受到损害"之类的措辞，一旦出现"必然"一词，此处就很可能存在可以反驳的关键点，发明人可以根据实际的技术方案灵活应对。

在答复过程中，引用《专利审查指南》（简称"审查指南"）的规定进行答复，将会增强说服力，以下内容摘自审查指南，可根据案件的具体情况灵活选用。

审查指南第二部分第一章第3节中规定：

发明创造与法律相违背的，不能被授予专利权。例如，用于赌博的设备、机器或工具；吸毒的器具；伪造国家货币、票据、公文、证件、印章、文物的设备等都属于违反法律的发明创造，不能被授予专利权。

发明创造并没有违反法律，但是由于其被滥用而违反法律的，则不属此列。例如，用于医疗的各种毒药、麻醉品、镇静剂、兴奋剂和用于娱乐的棋牌等。

专利法实施细则第十条规定，专利法第五条所称违反法律的发明创造，不包括仅其实施为法律所禁止的发明创造。其含义是，如果仅仅是发明创造的产品的生产、销售或使用受到法律的限制或约束，则该产品本身及其制造方法并不属于违反法律的发明创造。例如，用于国防的各种武器的生产、销售及使用虽然受到法律的限制，但这些武器本身及其制造方法仍然属于可给予专利保护的客体。

但是，如果发明创造因滥用而可能造成妨害公共利益的，或者发明创造在产生积极效果的同时存在某种缺点的，例如对人体有某种副作用的药品，则不能以"妨害公共利益"为理由拒绝授予专利权。

【案例解析】

申请号为 CN201710573241.9 的专利申请，涉及一种系统的伪基站搭建方法，包括 S1：宏网环境扫描；S2：数据对比；S3：宏网数据处理；S4：伪基站搭建。本申请还包括一种获取监控区域内手机信息的系统，包括 GSM 伪基站、4G LTE 伪基站、集线器、收发模块、无线终端和数据库，集线器分别连接 GSM 伪基站、4G LTE 伪基站和收发模块，GSM 伪基站和 4G LTE 伪基站分别通过收发模块和无线终端进行无线通信，无线终端安装有 APP，无线终端获取监控区域内宏基站的相关信息，并通过 APP 进行与数据库相关的数据处理操作和向 GSM 伪基站、4G LTE 伪基站发送指令，GSM 伪基站和 4G LTE 伪基站获取监控区域内的目标手机的信息，发送给无线终端。

审查员在审查意见中指出：2015 年 1 月 14 日国家工商行政管理总局、中华人民共和国安全部和国家质量监督检验检疫总局联合颁布的第 72 号令《禁止非法生产销售使用窃听窃照专用器材和"伪基站"设备的规定》，该文件虽然不属于由全国人民代表大会或者全国人民代表大会常务委员会依照立法程序制定和颁布的法律，但是表明了违反该规定会妨害公共利益。根据申请文件的记载，采用其方法捕获用户信息不再大张旗鼓，普通用户不受骚扰，被监控目标用户也无法知晓。然而，用户的 IMSI、MSISDN 号码以及通话内容均属于用户隐私信息，本申请未经批准获取用户 IMSI、MSISDN 号码以及通话内容造成非法搜取手机用户信息，并且私自搭建软件模块和硬件模块而未取得电信设备进网许可和无线电发射设备型号批准，非法占用公众移动通信频率，属于专利法第五条规定的妨害公共利益的发明创造，不能被授予专利权。

实际上，本申请的开发背景是申请人与当地公安部合作开发，是为了解决公安部门实际工作中需要监控监狱内人员与外界联系的问题，专利代理师可以在答复审查意见中指出本申请的开发背景，即本发明的影响对象是特定的第三人：监狱的服刑人员。如果由某些个人或组织机构出于非法目的滥用本申请的方法，必然会造成妨害公共利益的结果，但是本申请方案本身并没有违反法律，只是由于其被滥用而违反法律，这种情况是可以寻求专利保护，参见审查指南第二部分第一章第3节中规定：发明创造并没有违反法律，但是由于其被滥用而违反法律的，则不属此列。专利法实施细则第十条规定进一步明确，如果发明创造因滥用而可能造成妨害公共利益的，则不能以"妨害公共利益"为理由拒绝授予专利权。

为了增强说服力，专利代理师可以进一步就本申请的积极效果进行说明，即当本申请由公安人员在获得相关批准的前提下进行合法运用时，可以很好地解决对监狱服刑人员的监控，获得有利于破案的信息，积极防范邪恶势力出逃，对促进社会治安稳定具有积极意义。

兵法3　同样的发明创造

【针对理由】专利申请不满足专利法第九条的规定。

专利法第九条

同样的发明创造只能授予一项专利权。但是，同一申请人同日对同样的发明创造既申请实用新型专利又申请发明专利，先获得的实用新型专利权尚未终止，且申请人声明放弃该实用新型专利权的，可以授予发明专利权。

【应对策略】

专利法第九条规定了同样的发明创造只能授予一项专利权，在这里，同样的发明创造，对于发明或实用新型，是指两件或两件以上申请（或专利）中存在的保护范围相同的权利要求。对于外观，是以表示在两件外观设计专利申请或专利的图片或者照片中的产品的外观设计为准，同样的外观设计是指两项外观设计相同或者实质相同。

由于我国存在发明专利和实用新型专利同案申请的情况，发明专利和实用新型专利的审查工作分别由不同的部门进行，一般实用新型专利审查周期短，会先进行审查；而发明专利审查得晚，当发明专利审查时，实用新型专利可能已经获得了授权，此时发明专利若涉及与实用新型专利相同的权利要求项，则会收到发明专利申请不满足专利法第九条规定的审查意见。

常见的处理方式是提交放弃实用新型专利权的声明，此举虽然可以拿到发明专利授权，但是是以放弃实用新型专利权为代价。由于发明专利和实用新型专利在运用时各有优势，尤其是在维权过程中，发明专利相比实用新型专利，可能因创造性高度不够，被宣告无效的风险更大，因此，实用新型专利权的稳定性可能比发明专利高，较佳的选择是同时获得发明专利和实用新型专利的授权。

如何获得两份专利授权？专利代理师可以修改发明专利的权利要求项，使其不同于实用新型专利的权利要求项。例如，可以通过合并从属权利要求项，以改变权利要求的保护范围。也可以将仅记载在说明书中的内容添加到权利要求中，使修改后的权利要求含有新的限定特征。

显然，在专利撰写初期就应该埋下伏笔，此时将会拥有更大的修改余地，避免将发明专利的保护范围限定得过小，避免造成得不偿失的情况。例如，在发明专利中对某些技术特征进行有别于实用新型专利的轻微限定，当发明专利因为需要回避实用新型专利进行修改时，可以将这些轻微限定内容增加到发明专利相应的权利要求项中，从而使发明专利有别于实用新型专利的权利要求项，同时又对发明专利的实质保护范围影响最小。

在特殊情况下，如果实用新型专利尚未授权，在发明专利收到不满足专利法第九条规定的审查意见时，应当通过意见陈述的方式，说明实用新型专利权尚未确定，不存在重复授权问题。

【案例解析】

申请号为 CN201811623000.1 的专利申请，涉及一种抗菌玻璃及其制备方法，其部分权利要求项如下：

1. 一种抗菌玻璃，包括玻璃基体，其特征在于：所述玻璃基体的至少一侧表面上设有透明涂层，所述透明涂层包括第一涂层和第二涂层，所述第一涂层为无色纳米银溶液与聚乙二醇的混合溶液涂在所述玻璃基体的一侧表面后烘烤形成，所述第二涂层为乙氧基改性的三羟甲基丙烷三丙烯酸酯与UV树脂的混合物进行紫外固化形成，所述第二涂层位于所述抗菌玻璃的最外层。

2. 根据权利要求1所述的抗菌玻璃，其特征在于：所述玻璃基体的一侧表面上设有透明涂层，所述透明涂层由所述第一涂层和所述第二涂层组成。

3. 根据权利要求1所述的抗菌玻璃，其特征在于：所述无色纳米银溶液与聚乙二醇的混合溶液中，无色纳米银溶液与聚乙二醇的质量比为（25:1）~（5:1），其中银离子质量含量为2%~10%。

4. 根据权利要求1所述的抗菌玻璃，其特征在于：所述乙氧基改性的三羟甲基丙烷三丙烯酸酯与UV树脂的混合物中，乙氧基改性的三羟甲基丙烷三丙烯酸酯的质量含量为 5%~20%。

5. 根据权利要求 1 所述的抗菌玻璃，其特征在于：所述第一涂层的厚度为 1~10 μm；任选的，所述第二涂层的厚度为 5~10 μm。

......

审查员在审查意见中指出，本申请权利要求 1 中第一涂层为"无色纳米银溶液与聚乙二醇的混合溶液涂在所述玻璃基体的一侧表面后烘烤形成"，即形成了纳米银/聚乙二醇复合涂层，第二涂层为"乙氧基改性的三羟甲基丙烷三丙烯酸酯与 UV 树脂的混合物进行紫外固化形成"，即形成了乙氧基改性的三羟甲基丙烷三丙烯酸酯/UV 树脂复合涂层。因此，本申请的权利要求 1、5 所要保护的技术方案与权利权人在本申请的同一申请日提交的申请号为 201822237912.7 的已授权实用新型，即对比文件 CN210176775U 的权利要求 4、5、7 所要求保护的技术方案属于同样的发明创造，因此本申请的权利要求 1、5 不符合专利法第九条第一款关于同样的发明创造只能授予一项专利权的规定。

在 CN210176775U 的权利要求书中，部分内容如下：

1. 一种透明抗菌涂层，其特征在于：包括相互层叠的第一涂层和第二涂层，所述第一涂层为纳米银/聚乙二醇复合涂层，所述第二涂层为固化在所述第一涂层上的乙氧基改性的三羟甲基丙烷三丙烯酸酯/UV 树脂复合涂层。

2. 根据权利要求 1 所述的透明抗菌涂层，其特征在于：所述第一涂层的厚度为 1~20 μm，所述第二涂层的厚度为 2~15 μm。

3. 一种抗菌玻璃，其特征在于：所述抗菌玻璃包含权利要求 1 或 2 所述的透明抗菌涂层。

4. 根据权利要求 3 所述的抗菌玻璃，其特征在于：所述抗菌玻璃由玻璃基体和设在所述玻璃基体一侧表面或者两侧表面上的所述的透明抗菌涂层组成。

5. 根据权利要求 3 所述的抗菌玻璃，其特征在于：所述第一涂层的厚度为 1~10 μm。

6. 根据权利要求 5 所述的抗菌玻璃，其特征在于：所述第一涂层的厚度为 3~7 μm。

7. 根据权利要求 3 所述的抗菌玻璃，其特征在于：所述第二涂层的厚度为 5~10 μm。

......

专利代理师分析两件申请文件后，认为有 3 种答复思路，分别如下。

（1）申请人放弃已经授权的实用新型专利

这是最简单的答复方法，只是将对申请人不利。当技术方案本身的创造性高度有限，即使发明专利能够授权，也不一定能经受住无效的考验，更何况审查员在第一次审查意见中提出上述问题，发明专利能否授权是未知的。在这种情况下，已经授权的实用新型专利相比发明专利更有利，就本案而言，实用新型专利比发明专利在无效中也更加稳定。

（2）申请人修改发明专利的权利要求 1，不放弃实用新型专利

专利代理师可以将原权利要求 1 和权利要求 3 合并，对无色纳米银溶液与聚乙二醇的混合溶液的组成比例进一步限定，新的权利要求 1 不同于同日递交的实用新型专利，后者不涉及配方比例。因此，新的权利要求 1 为不同于该实用新型专利的发明创造，符合专利法第九条的规定。

相应地，原权利要求 5 引用权利要求 1，也符合专利法第九条的规定。

修改后的权利要求相应内容如下：

1. 一种抗菌玻璃，包括玻璃基体，其特征在于：所述玻璃基体的至少一侧表面上设有透明涂层，所述透明涂层包括第一涂层和第二涂层，所述第一涂层为无色纳米银溶液与聚乙二醇的混合溶液涂在所述玻璃基体的一侧表面后烘烤形成，所述第二涂层为乙氧基改性的三羟甲基丙烷三丙烯酸酯与 UV 树脂的混合物进行紫外固化形成，所述第二涂层位于所述抗菌玻璃的最外层；所述无色纳米银溶液与聚乙二醇的混合溶液中，无色纳米银溶液与聚乙二醇的质量比为（25:1）~（5:1），其中银离子质量含量为 2%~10%。

2. 根据权利要求 1 所述的抗菌玻璃，其特征在于：所述玻璃基体的一侧表面上设有透明涂层，所述透明涂层由所述第一涂层和所述第二涂层组成。

3. 根据权利要求 1 所述的抗菌玻璃，其特征在于：所述无色纳米银溶液与聚乙二醇的混合溶液中，无色纳米银溶液与聚乙二醇的质量比为（25:1）~（5:1），其中银离子质量含量为 2%~10%。

4. 根据权利要求 1 所述的抗菌玻璃，其特征在于：所述乙氧基改性的三羟甲基丙烷三丙烯酸酯与 UV 树脂的混合物中，乙氧基改性的三羟甲基丙烷三丙烯酸酯的质量含量为 5%~20%。

5. 根据权利要求 1 所述的抗菌玻璃，其特征在于：所述第一涂层的厚度为 $1 \sim 10 \mu m$。

6. 根据权利要求 1 所述的抗菌玻璃，其特征在于：所述第二涂层的厚度

为 5~10 μm。

……

（3）申请人不进行发明专利修改，也不放弃实用新型专利权

仔细比较发明专利申请的权利要求 1 和实用新型专利的权利要求 1，可以发现，审查员忽视了发明专利权利要求 1 最后一句话：所述第二涂层位于所述抗菌玻璃的最外层。由于发明专利的权利要求 1 限定了所述第二涂层位于所述抗菌玻璃的最外层，因此其实质不同于实用新型专利的权利要求 4、权利要求 5 和权利要求 7 所要求保护的技术方案。

具体来说，在实用新型专利中，当权利要求 3 为抗菌玻璃包含权利要求 1 所述的透明抗菌涂层，权利要求 4 引用权利要求 3，其方案为：抗菌玻璃由玻璃基体和设在所述玻璃基体一侧表面或者两侧表面上的所述的透明抗菌涂层组成，透明抗菌涂层包括相互层叠的第一涂层和第二涂层，所述第一涂层为纳米银/聚乙二醇复合涂层，所述第二涂层为固化在所述第一涂层上的乙氧基改性的三羟甲基丙烷三丙烯酸酯/UV 树脂复合涂层。该方案中没有限定第二涂层在抗菌玻璃的最外层，第二涂层可以在第一涂层和玻璃基体之间，即夹层位置上。

另外，发明专利的权利要求 1 限定了透明涂层包括第一涂层和第二涂层，但是不涉及二者之间的关系，也就是说，第一涂层和第二涂层可以直接层叠在一起，也可以被其他第三涂层间隔开，而实用新型专利中权利要求 4 限定了第一涂层和第二涂层的相互层叠关系。

由于权利要求涉及的技术方案存在保护范围的差异，因此不构成同样的发明创造，符合专利法第九条的规定。

在实际工作中，建议专利代理师结合申请方案创造性的高度，同时考虑审查员的主观因素进行答复。第（3）种答复方案虽然最大限度保留了原始申请的保护范围，但是也全盘否定了审查员的第一次审查工作内容，换位到审查员角度，面对一个强硬态度的申请人，可能需要更加严格的审查思路，在创造性评价时偏严，对于原本创造性高度有限的技术方案，则可能不利于其早日授权。

本案最终以第（2）种修改方式授权，授权文本参见 CN109502988B。

兵法 4　新颖性问题

【针对理由】 专利申请不满足专利法第二十二条第二款的规定。

专利法第二十二条第二款

新颖性，是指该发明或者实用新型不属于现有技术；也没有任何单位或者个人就同样的发明或者实用新型在申请日以前向国务院专利行政部门提出过申请，并记载在申请日以后公布的专利申请文件或者公告的专利文件中。

【应对策略】

新颖性问题通常是指向某几项权利要求，此时，可以将满足新颖性的权利要求项中的技术方案，合并到问题权利要求项中，从而使新的权利要求项具有新颖性。

当所有权利要求项都不满足新颖性时，可以将说明书中内容，如实施例记载的具体方案提到问题权利要求项中，由于补充了新的技术内容，从而可以使新的权利要求项具有新颖性。

涉及制备方法的发明专利，当权利要求保护产品时，若无确定的理由支撑产品的新颖性和创造性时，可能需要放弃产品权利要求而取得方法专利授权。

当然，新颖性问题通常不是关键所在，在答复满足新颖性的同时，通常要注意结合对比文件就创造性进行论述，对比文件为抵触申请时除外，因为抵触申请不能用来评价创造性。

抵触申请是指在发明专利或者实用新型专利新颖性的判断中，由任何单位或者个人就同样的发明专利或者实用新型专利在申请日以前向专利局提出，并且在申请日以后（含申请日）公布的专利申请文件或者公告的专利文件。

抵触申请还包括满足以下条件的进入了中国国家阶段的国际专利申请，即申请日以前由任何单位或者个人提出，并在申请日之后（含申请日）由专利局做出公布或公告的且为同样的发明或者实用新型的国际专利申请。

另外，抵触申请仅指在申请日以前提出的，不包含在申请日提出的同样的发明专利或者实用新型专利申请。

【案例解析】

申请号为 CN200510030631.9 的专利申请，涉及一种注射用多烯磷脂酰胆碱粉针剂的组合物，由磷脂、胆酸盐及支架剂组成。其权利要求书部分内容如下：

1. 一种用于注射用多烯磷脂酰胆碱粉针剂的组合物，其特征在于此种组合物由磷脂、胆酸盐以及支架剂组成。

2. 根据权利要求 1 所述的组合物，其中胆酸盐和磷脂的重量比（w/w）为 0.4~1.0。

3. 根据权利要求 1 所述的组合物，其中胆酸盐和磷脂的重量比（w/w）为 0.7~0.8。

......

在实质审查中，审查员检索到 D1 为 CN1762370A，公开了一种用于制备治疗慢性肝病药物的多烯磷脂酰胆碱冻干粉针注射剂，主药多烯磷脂酰胆碱与所述的载体重量比为 1:(0.5~5)，因此权利要求 1 和权利要求 2 相对于 D1 不具有新颖性。

在答复审查意见时，专利代理师首先指出本申请的申请日为 2005 年 10 月 18 日，D1 的申请日为 2005 年 9 月 23 日，公开日为 2006 年 4 月 26 日，因此 D1 构成本申请的抵触申请，仅能用于评价本申请的新颖性。

同时，结合本案进行分析，D1 中公开的粉针剂包含多烯磷脂酰胆碱、胆酸钠、甘露醇，上述三者皆是本申请中的磷脂、胆酸盐及支架剂的对应下位概念，因此原权利要求 1 确实不满足新颖性。本申请权利要求 2 中的重量比范围，与 D1 公开的范围有重叠，可以对权利要求书进行修改以避开 D1。在本申请的具体实施例中，公开的重量比的比值有 0.40、0.45、0.6、0.8、1.0。

如何通过修改克服权利要求不具新颖性问题？主要有 3 种方式。

第一种：1. 一种用于注射用多烯磷脂酰胆碱粉针剂的组合物，其特征在于此种组合物由磷脂、胆酸盐以及支架剂组成，其中胆酸盐和磷脂的重量比（w/w）为 0.4~0.45。

这种方式完全避开了 D1 中的 0.5~5，但是修改幅度过大，修改后的保护范围较小，因此不推荐。

第二种：1. 一种用于注射用多烯磷脂酰胆碱粉针剂的组合物，其特征在于此种组合物由磷脂、胆酸盐以及支架剂组成，其中胆酸盐和磷脂的重量比（w/w）为 0.4~0.45 或者 0.6~1.0。

这种方式在第一种的基础上增加了 0.6~1.0，由于这两个端点值没有被 D1 公开，因此也符合审查指南中关于新颖性的规定，相对来说优于第一种，但不是最佳方案。

第三种：1. 一种用于注射用多烯磷脂酰胆碱粉针剂的组合物，其特征在于此种组合物由磷脂、胆酸盐以及支架剂组成，其中胆酸盐和磷脂的重量比（w/w）为 0.4~1.0，但该重量比不等于 0.5。

修改后回避了 D1 公开的主药多烯磷脂酰胆碱与所述的载体重量比为 1:0.5 这个点值，同时最大限度保留了原始申请想要获得的保护范围。

值得一提的是，本案中申请人主动刨除胆酸盐和磷脂的重量比为 0.5 这个点值，是基于使本申请具有新颖性的目的，因此这种修改方式是被允许的。审查指南第二部分第八章第 5.2.3.3 节规定了不能允许删除某些内容的修改方式，包括：

如果在原说明书和权利要求书中没有记载某特征的原数值范围的其他中间数值，而鉴于对比文件公开的内容影响发明的新颖性和创造性，或者鉴于当该特征取原数值范围的某部分时发明不可能实施，申请人采用具体"放弃"的方式，从上述原数值范围中排除该部分，使得要求保护的技术方案中的数值范围从整体上看来明显不包括该部分，由于这样的修改超出了原说明书和权利要求书记载的范围，因此除非申请人能够根据申请原始记载的内容证明该特征取被"放弃"的数值时，本申请不可能实施，或者该特征取经"放弃"后的数值时，本申请具有新颖性和创造性，否则这样的修改不能被允许。

也就是说，基于满足新颖性和创造性需要而进行的删除式修改，是被允许的。

本案最终以第三种修改方式授权，授权文本参见 CN1951389C。

兵法 5　专利申请的客体

【针对理由】 专利申请不满足专利法第二十五条的规定。

专利法第二十五条

对下列各项，不授予专利权：

（一）科学发现；

（二）智力活动的规则和方法；

（三）疾病的诊断和治疗方法；

（四）动物和植物品种；

（五）用原子核变换方法获得的物质；

（六）对平面印刷品的图案、色彩或者二者的结合作出的主要起标识作用的设计。

【应对策略】

专利法第二十五条对不予授权的专利申请客体进行了说明，专利代理师需要根据案件涉及的具体情况进行答复，其中，常遇见的情况如下。

（1）软件类专利权利要求为智力活动的规则和方法

所谓"智力活动"是指人的思维运动，它源于人的思维，经过推理、分析和判断产生抽象的结果，或者必须以人的思维运动作为媒介，间接地作用于自然产生结果。智力活动的规则和方法是指导人们进行思维、表述、判断和记忆的规则和方法。由于其没有采用技术手段或者利用自然规律，也未解决技术问题或产生技术效果，因而不构成技术方案。

通过审查指南对智力活动的上述规定，可以从反面思考获得答复审查意见的思路，即采用技术手段、利用自然规律、解决技术问题和达到技术效果。通常，为了便于论述，专利代理师需要对权利要求项进行修改，将记载在说明书中，尤其是实施例中具体的运用情景及具体手段添加到权利要求项中。

（2）药品类专利权利要求涉及疾病的诊断和治疗方法

当发明人成功研制了一种新的药物配方时，常常会表述成"一种治疗×××疾病的药物"，并在专利申请中描述药物的用途是治疗×××疾病，此时就涉嫌疾病的治疗方法，专利代理师可以将权利要求项修改成"一种用于制备治疗×××疾病的药物的用途"，从而将其转化成制备相应药品的用途主题，以破解药品专利涉及诊断、治疗的难题。

【案例解析】

申请号为CN201610395556.4的专利申请，涉及一种基于多叉树求解带逻辑环系统失效的最小因素组合的方法，权利要求1如下：

1. 一种基于多叉树求解带逻辑环系统失效的最小因素组合的方法，其特征在于：其中所述逻辑环存在于相互依赖的系统中，以进行可靠性分析，系统可靠性分析至少包括核电站可靠性分析，包括以下步骤：

步骤A：获取待求解的逻辑环中的系统间相互支持的关系；

步骤B：判断逻辑环中是否存在混合系统，其中，混合系统是指由至少两个系统逻辑乘组成的系统，若有，则将每一个混合系统独立作为一个单独的系统，再根据逻辑环中系统间相互支持的关系得到系统间的有向图，若无，直接根据逻辑环中系统间相互支持的关系得到系统间的有向图；

步骤C：选定逻辑环中一个系统作为目标系统，该目标系统作为多叉树的根结点，其中，根结点是指多叉树的第一层结点；

步骤D：根据所述有向图，先画出以根结点为父结点的孩子结点，其中，父结点与孩子结点是多叉树中结点之间的逻辑继承关系，孩子结点是支持父结点系统的系统，然后以目标系统的每个孩子结点作为父结点，以支持该父结点的系统的系统作为其孩子结点，画出其孩子结点，以此类推，直到树的深度恰好等于系统总个数，就得到了逻辑环中关于所述目标系统的多叉树，其中，若逻辑环中存在混合系统，则必须将混合系统个数和其他非混合系统相加作为系统总个数，若逻辑环中不存在混合系统，则直接以所有非混合系统的个数作为系统总个数；

步骤E：深度优先算法遍历该多叉树中由根结点至叶子结点的所有路径，其中，叶子结点是指多叉树中没有孩子结点的节点，若结点是混合系统，则表示组成该混合系统的每个系统出现一次，删去每条路径中第二次出现的结点及其孩子结点，得到删除指定结点后的最简多叉树；

步骤F：从根结点到叶子结点，用布尔代数式逐层表示所述最简多叉树；

步骤G：从叶子结点到根结点，将布尔代数式逐层向上迭代，直到得到根结点的布尔代数式；

步骤H：由根结点的布尔代数式，得到所述目标系统失效的最小因素组合。

审查员在审查意见中指出，权利要求1中的方法没有结合任何具体的技术领域，也无法表明该方法与任何技术领域之间存在相应联系，该方法也没有对计算机的性能带来何种技术性的改进，也没有对外部技术数据进行处理，该方法属于一种抽象算法，其全部内容体现的仅仅是一种人为规定的算法的步骤，该权利要求实质上仅仅涉及智力活动的规则和方法，属于专利法第二十五条第一款第二项规定的不授予专利权的客体。

专利代理师在答复审查意见时对权利要求1进行了修改，如下：

1. 一种基于多叉树求解核电站系统失效的最小因素组合的方法，其特征在于：其中核电站系统具有应急冷却水供应系统 A、通风与空气调节系统 B、电力供应系统 C、厂用水系统 D 和组件冷却水系统 E，所述方法包括以下步骤：

步骤 A：获取核电站系统中待求解的逻辑环中的系统间相互支持的关系；

步骤 B：判断核电站系统的逻辑环中是否存在混合系统，其中，混合系统是指由至少两个系统逻辑乘组成的系统，若有，则将每一个混合系统独立作为一个单独的系统，再根据核电站系统的逻辑环中系统间相互支持的关系得到系统间的有向图，若无，直接根据核电站系统的逻辑环中系统间相互支持的关系得到系统间的有向图，从而得到有向图为：A 指向 B，B 与 C 双向指向且指向 D、E，C 指向 A 和 D 且与 E 双向指向，D 指向 E，E 指向 A；

步骤 C：选定核电站系统的逻辑环中的应急冷却水供应系统 A 作为目标系统，该目标系统作为多叉树的根结点，其中，根结点是指多叉树的第一层结点；

步骤 D：根据所述有向图，先画出以根结点为父结点的孩子结点，其中，父结点与孩子结点是多叉树中结点之间的逻辑继承关系，孩子结点是支持父结点系统的系统，然后以目标系统的每个孩子结点作为父结点，以支持该父结点的系统的系统作为其孩子结点，画出其孩子结点，以此类推，直到树的深度恰好等于系统总个数，就得到了核电站系统的逻辑环中关于所述目标系统的多叉树，其中，若核电站系统的逻辑环中存在混合系统，则必须将混合系统个数和其他非混合系统相加作为系统总个数，若核电站系统的逻辑环中不存在混合系统，则直接以所有非混合系统的个数作为系统总个数，从而得到的核电站系统的系统总个数为 5；

步骤 E：深度优先算法遍历该多叉树中由根结点至叶子结点的所有路径，其中，叶子结点是指多叉树中没有孩子结点的节点，若结点是混合系统，则表示组成该混合系统的每个系统出现一次，删去每条路径中第二次出现的结点及其孩子结点，得到删除指定结点后的最简多叉树；

步骤 F：从根结点到叶子结点，用布尔代数式逐层表示所述最简多叉树；

步骤 G：从叶子结点到根结点，将布尔代数式逐层向上迭代，直到得到根结点的布尔代数式，该布尔代数式具体为：A=Aa+AcCc+AeEe+AcBbCb+

AcCeEe+AeBbEb+AeCcEc+AeDdEd+AcBbCeEb+AcCeDdEd+AeBcCcEb+AeBbCbEc+AeBbDbEd+AeCcDcEd+AcBbCeDbEd+AeBcCcDbEd+AeBbCbDcEd；

步骤 H：由根结点的布尔代数式，得到<u>应急冷却水供应系统 A 失效的最小因素组合，该最小因素组合为：Aa、AcCc、AeEe、AcBbCb、AcCeEe、AeBbEb、AeCcEc、AeDdEd、AcBbCeEb、AcCeDdEd、AeBcCcEb、AeBbCbEc、AeBbDbEd、AeCcDcEd、AcBbCeDbEd、AeBcCcDbEd、AeBbCbDcEd</u>。

在意见陈述时，专利代理师指出：上述画线处修改的依据来自说明书［0012］~［0014］段及说明书附图中的图 7 至图 9b，未超出原有权利要求书和说明书所记载的范围，符合专利法第三十三条的规定。

新权利要求 1 记载的技术方案是为了解决核电站可靠性分析中的系统失效因素的求解问题，通过该方法能够直观地得到导致核电站系统失效的具体因素，如说明书中的实施例三所述。这使核电站中的故障分析、检修维修更有针对性，有利于进一步提高核电站安全性。同样地，本领域技术人员很容易将该方法应用于其他带逻辑环系统的失效因素的分析。该方法相比于现有的迭代的方法，不需要经过大量迭代计算，从而可以快速地求解，更加适用于一些带逻辑环的系统的快速故障诊断分析。因此，新权利要求 1 记载的技术方案并非只是一种展现了算法的所有实质性特点应用的纯算法，显然不是属于智力活动规则。

审查员基于上述修改和陈述接受了答复主张，认可了新权利要求 1 不属于专利法第二十五条规定的智力活动，授权文本参见 CN106055809B。

兵法 6　说明书未充分公开

【针对理由】专利申请不满足专利法第二十六条第三款的规定。
专利法第二十六条第三款
说明书应当对发明或者实用新型作出清楚、完整的说明，以所属技术领域的技术人员能够实现为准；必要的时候，应当有附图。摘要应当简要说明发明或者实用新型的技术要点。

【应对策略】
说明书未充分公开的缺陷是不能通过向申请文件中补加实施例和（或）

补充技术特征的方式而克服的，因为这种修改方式不符合专利法第三十三条的规定，即超出了原说明书和原权利要求书所记载的范围。

因此，针对未充分公开的审查意见，建议专利代理师从所属技术领域的技术人员根据原申请的记载，能够实现发明内容的角度进行陈述。也就是说，如果本领域技术人员按照说明书的记载，在不涉及创造性劳动的条件下，能够实施或者再现记载的技术方案，并且能够达到说明书中记载的技术效果，则认为说明书满足实施的要求[2]。例如，提供正规出版物的证据来证明相关的技术特征属于现有技术，这些技术特征在审查意见中，通常表述为"本领域技术人员不知道……，难以进行……"，此时专利代理师可以举证，所属技术领域的技术人员能够根据该现有技术实现省略号处的内容，从而实现专利方案。

另外，专利代理师还可以通过陈述意见的方式来说明该技术特征为公知常识，即所属技术领域的技术人员能够根据公知常识实现该技术方案。需要注意公知常识最好有证据说明，如技术词典、技术手册、教科书类证据。

【案例解析】

案例一：

申请号为 CN201820666541.1 的专利申请，涉及一种分体式双枪充电站，包括集中配电系统及多个充电桩；其中，所述集中配电系统包括多组功率相同的供电模块，各所述供电模块的输入端均与三相交流电连接，且每一组供电模块的输出端连接一个充电桩，各所述供电模块用于将三相交流电转换为直流电，并输入至对应的充电桩中……优选的，所述充电桩还包括散热风扇，用于在所述主回路输入开关闭合时转动散去充电时产生的热量，并在所述主回路输入开关断开时停止转动。

审查意见中指出，本领域技术人员并不清楚说明书中并未公开各电子模块的具体结构或型号，各电子模块之间要通过何种结构、如何安装，因此本领域技术人员根据说明书中的记载，无法实施该发明。

专利代理师仔细查阅原始申请文件后发现，原始申请文件中确实没有对于上述的解释。但是，本申请说明书中的背景技术中记载了"目前的充电桩一般为一体式充电桩并且双枪同时充电"，从而造成了现有的充电桩存在"体积庞大，不便运输和安装"，以及"充电过程中容易导致功率不足"的缺陷。

针对以上问题可知，本申请是对现有充电桩在构造上提出的新的技术方案，并不限定充电站的具体结构形状。《75 kW 一体式直流桩用户手册》① 公开了各个模块及模块的连接方式和装置的外形结构，而本申请是对一体式充电桩在构造上的改进，在已知一体式充电桩的基础上，本领域的技术人员根据本申请的内容很容易想到本申请中分体式双枪充电站的具体结构。例如，可以同样采用已知的一体式充电桩的箱体式设计构建本申请的配电系统与充电桩等。《电动汽车充电系统技术原理与解析》② 详细介绍了现有充电桩的结构及原理，根据第 53 页的内容，本领域的技术人员可以清楚地知道各部件的连接关系及连接形式，所以，各部件之间如何连接是本领域技术人员可以根据具体的部件功能进行常规性选择的，属于本领域的公知常识。

因此，站在所属技术领域技术人员的角度，即基于所属技术领域技术人员的知识和能力进行评价，本领域技术人员结合公知常识可以实现本申请的技术方案。审查员最终接受了答复意见，该申请获得授权，参见 CN208730811U。

案例二：

申请号为 200610035662.8 的专利申请，涉及一种 ABS/PC 改性合金，原始申请文件中的部分权利要求如下：

1. 一种 ABS/PC 改性合金，其特征在于，主要包括以下重量配比的原料组分：ABS 50~75，PC 20~40，相容剂 3~10，环氧树脂 0.1~1，抗氧剂 0.1~0.3。

2. 根据权利要求 1 所述的 ABS/PC 改性合金，其特征在于，所述相容剂为丁二烯-丙烯酸酯类共聚物。

……

在实质审查中，审查员指出，权利要求 1~6 请求保护的 ABS/PC 改性合金，说明书中记载了，本发明所要解决的技术问题是"在提高了 ABS 的韧性的同时，保持了 ABS 既有的优良物化性能"，所采用的关键技术手段是加入相容剂和环氧树脂。本申请的说明书仅仅给出了相容剂为丁二烯-丙烯酸酯类共聚物，但是上述共聚物种类繁多、性能各异，本领域技术人员无法获知究竟采用哪些丁二烯-丙烯酸酯类共聚物才能解决上述技术问题。由此，本申请的说明书中虽然给出了技术手段，但该手段是含糊不清的，根据

---

① https://max.book118.com/html/2016/0509/42466428.shtm.
② http://www.autowen.com/p-743.html.

说明书记载的内容无法具体实施。因此，本申请的说明书不符合专利法第二十六条第三款的规定。申请人未进行答复，该案在后续以不符合专利法第二十六条第三款的规定被驳回。

申请人提出复审，专利代理师可以从两个方面进行说理：①在该技术领域，丁二烯-丙烯酸酯类共聚物有较为明确的定义；②选择该类共聚物用作ABS/PC体系的相容剂也是现有技术。具体如下。

本申请的目的在于提供一种ABS/PC改性合金，提高ABS韧性的同时又保持了ABS既有的优良物化性能；通过将ABS与聚碳酸酯共混、配合使用合金相容剂来达到上述目的（说明书"发明内容"第一段及最后一段）。所述相容剂为丁二烯-丙烯酸酯类共聚物，实施例1~3中均使用该相容剂，所得ABS合金的缺口冲击强度、拉伸强度、弯曲强度比纯ABS均有所提高。

虽然说明书中对于"丁二烯-丙烯酸酯类共聚物"的含义没有进行解释，也没有进行举例说明，但是在现有技术中，已经存在丁二烯-丙烯酸酯共聚物、乙烯-丙烯酸酯共聚物等作为ABS/PC体系的相容剂使用。同时，《化学化工大辞典·上》第173页记载了"丙烯酸酯类共聚物，是以丙烯酸酯（以丙烯酸甲酯、乙酯、丁酯和甲基丙烯酸甲酯、丁酯为主）为主要原料经共聚反应生成的聚合物的总称。丙烯酸酯具有活泼的双键，易自聚，亦易共聚。共聚单体可以是一种或多种；可以是另外的丙烯酸系化合物或其他带双键的不饱和化合物（主要有苯乙烯、丙烯腈、醋酸乙酯、氯乙烯等）"（化学工业出版社，2003年）。

根据以上信息，可以知道：

①根据本领域的普通技术知识，在已知的"丁二烯-丙烯酸酯共聚物"这一术语中，其不仅指丙烯酸酯，还指丙烯酸酯类单体与丁二烯共聚得到的聚合物。同时，现有技术中已经具有"丙烯酸酯类共聚物"的明确定义，其原料主要是丙烯酸酯（以丙烯酸甲酯、乙酯、丁酯和甲基丙烯酸甲酯、丁酯为主），共聚单体可以是一种或多种，可以是另外的丙烯酸系化合物或其他带双键的不饱和化合物，即该定义中"丙烯酸酯类共聚物"是指其原料全部或主要是"丙烯酸酯类单体"。因此，说明书中"丁二烯-丙烯酸酯类共聚物"这一术语的含义是明确的，是指全部或主要单体是丁二烯和丙烯酸酯类单体的共聚物。

②由于现有技术中已经存在丁二烯-丙烯酸酯共聚物、乙烯-丙烯酸酯共聚物等作为ABS/PC体系的相容剂使用，因此在"丁二烯-丙烯酸酯类共

聚物"含义明确的基础上,本领域技术人员能够知晓至少可以使用丁二烯-丙烯酸酯共聚物作为 ABS/PC 体系的相容剂,从而实施本发明的技术方案。

同时,本申请实施例 1~3 的数据表明所得 ABS 合金的缺口冲击强度等性能比纯 ABS 均有所提高,即证明了其技术方案能够解决所要解决的技术问题,并实现预期的技术效果。

综上所述,尽管说明书中对于"丁二烯-丙烯酸酯类共聚物"的含义没有进行解释,也没有进行举例说明,但本领域技术人员通过阅读说明书的整体内容并结合其所掌握的普通技术知识能够获得足够的信息,明悉实现发明的技术手段,解决其技术问题,并实现预期的技术效果。因此驳回决定的理由不能成立。

该案最终获得授权,授权文本参见 CN101077922B,在授权文本中的首项权利要求如下:

1. 一种 ABS/PC 改性合金,其特征在于,主要包括以下重量配比的原料组分:ABS 50~75 份,PC 20~40 份,相容剂 3~10 份,环氧树脂 0.1~1 份,抗氧剂 0.1~0.3 份;其中,所述的相容剂为丁二烯-丙烯酸酯类共聚物。

兵法 7　权利要求未以说明书为依据

【针对理由】专利申请不满足专利法第二十六条第四款的规定。

专利法第二十六条第四款

权利要求书应当以说明书为依据,清楚、简要地限定要求专利保护的范围。

【应对策略】

专利法第二十六条第四款涉及两个要点,一个是权利要求书应当以说明书为依据,另一个是权利要求书应当清楚、简要地限定要求专利保护的范围。本章是针对第一个要点,第二个要点参见兵法 8。

权利要求书是对技术方案的概括和提炼,说明书是为了支撑权利要求的保护范围,披露技术细节从而可以拿到专利授权。理想情况下,说明书的公开内容与权利要求书想要保护的内容刚好对等,然而现实中难以把握二者的尺度,常常会出现权利要求书要了一个很大的保护范围,而说明书仅仅记载了个别技术方案,即权利要求概括的范围过大,得不到说明书的支持,此时就可能收到审查意见,指出权利要求未以说明书为依据。

因此,专利代理师针对此类情况,通过缩小权利要求项的保护范围,删除从说明书中无法确定可以实现解决技术问题的方案,从而满足权利要求以说明书为依据的要求。

【案例解析】

申请号为 CN201811391769.5 的专利申请,涉及一种测定动物源性食品中氨基糖苷类药物残留的方法,权利要求 1 如下:

1. 一种测定动物源性食品中氨基糖苷类药物残留的方法,包括以下步骤:

步骤 1:提取样品中残留的氨基糖苷类药物

取样品放入塑料离心管中,加入磷酸盐缓冲液,漩涡,离心,取上清液,备用;

另取不含氨基糖苷类药物的阴性样品,放入塑料离心管中,加入磷酸盐缓冲液,漩涡,离心,取上清液作为空白基质溶液。

步骤 2:固相萃取柱富集净化

SupelMIPSPE-Aminoglycosides 固相萃取柱使用前依次用甲醇、磷酸盐缓冲溶液活化;取样品获得的上清液过固相萃取柱,依次用水和氨水淋洗,然后真空抽干;再用乙腈和水的混合溶液淋洗,然后真空抽干;之后用二氯甲烷和甲醇的混合溶液淋洗,然后真空抽干;最后用含甲酸的乙腈和水的混合溶液洗脱至塑料离心管中,洗脱液过滤后置于塑料进样瓶中,记为溶液 S,备用;所述含甲酸的乙腈和水的混合溶液为含 5 体积 % 甲酸的乙腈/水溶液;

另取空白基质溶液,加入已知量的氨基糖苷类药物,配置成基质匹配混合标准溶液。

步骤 3:高效液相色谱-串联质谱测定

采用 SIELC Obelisc R 色谱柱和 Hypercarb 色谱柱分别分离溶液 S 和基质匹配混合标准溶液中的氨基糖苷类药物,并采用串联质谱进行测定,以基质匹配混合标准溶液的测定结果绘制标准工作曲线,对样品中待测氨基糖苷类药物的含量进行计算。

所述动物源性食品为蜂蜜或蜂王浆,所述氨基糖苷类药物由化合物 M 和化合物 N 组成,其中化合物 M 为链霉素、双氢链霉素和壮观霉素,化合物 N 为新霉素、安普霉素、妥布霉素、庆大霉素、卡那霉素、潮霉素 B、小诺霉素、巴龙霉素、核糖霉素、阿米卡星、西索米星、依替米星和奈替米星；步骤 3 中 SIELC Obelisc R 色谱柱适用于将化合物 M 从样品中分离出来，步骤 3 中 Hypercarb 色谱柱适用于将化合物 N 从样品中分离出来。

审查员在审查意见中指出，现有技术中不存在利用高效液相色谱-串联质谱同时检测动物源性食品中 16 种氨基糖苷类药物的方法，本领域技术人员公知的是，高效液相色谱-串联质谱检测参数对于目标物的检测至关重要，恰当的参数设置才能实现 16 种目标化合物的同时定性定量分析，而本申请说明书中仅记载了说明书第 23~第 28 段（对应本申请的权利要求 5~6）所示的高效液相色谱-串联质谱检测参数，因此本领域技术人员有理由怀疑权利要求 1 中包含了无法同时定性定量分析这 16 种氨基糖苷类药物的检测参数。综上所述，权利要求 1 得不到说明书的支持，不符合专利法第二十六条第四款的规定。

专利代理师在答复审查意见时，合并了原权利要求 1、权利要求 5 和权利要求 6，新的权利要求 1 对高效液相色谱-串联质谱的检测参数进行了限定，该内容与说明书［0023］~［0028］段的记载一致，能够得到说明书的支持，符合专利法第二十六条第四款的规定。该案最后获得了授权，授权文本参见 CN109541103B。

兵法 8　权利要求不清楚

【针对理由】专利申请不满足专利法第二十六条第四款的规定。

专利法第二十六条第四款

权利要求书应当以说明书为依据，清楚、简要地限定要求专利保护的范围。

【应对策略】

涉及权利要求不清楚的，首先考虑是否能够进行修改，即在修改不超范围的前提下，则对权利要求进行修改。例如，将"优选的"技术方案修改成新的从属权利要求项。

其次，如果修改可能涉及超范围问题，则建议专利代理师通过意见陈述的方式进行说明。例如，浓度为 1% 是指质量浓度为 1%，而不是体积浓度，并说明理由。

最后，如果既不能通过修改来克服，也不能通过说理来明确，可以删除该项权利要求，如某些次要的从属权利要求项。

【案例解析】
案例一：
申请号为 CN202010093614.4 的专利申请，涉及一种碳/二氧化钼/硅/碳复合材料的制备方法，原始申请中部分权利要求如下：

1. 一种碳/二氧化钼/硅/碳复合材料的制备方法，其特征在于：包括以下步骤：

步骤1）将纳米硅粉超声分散于无水乙醇中，得到溶液 A；

步骤2）将四水合四钼酸铵溶于去离子水中，得到溶液 B；

步骤3）在搅拌条件下，将所述溶液 A 加入所述溶液 B，然后向混合溶液中加入苯胺，再向混合溶液中滴加盐酸；

步骤4）在室温下对混合溶液进行搅拌，使原位聚合反应完全，然后过滤，用去离子水洗涤，干燥，得到含 Mo-Si 的有机前驱体；

步骤5）将上步所得含 Mo-Si 有机前驱体在惰性气体保护下进行热处理，得到 C-MoO2-Si 复合材料；

步骤6）采用间苯二酚和甲醛的原位聚合反应对上步得到的 C-MoO2-Si 复合材料进行酚醛树脂包覆，再在惰性气体保护下进行热解，即得到所述碳/二氧化钼/硅/碳复合材料。

2. 根据权利要求1所述碳/二氧化钼/硅/碳复合材料的制备方法，其特征在于：步骤1）中所述的纳米硅粉为商业产品，直径为 20~60 nm；

任选的，步骤3）中所述溶液 A 与所述溶液 B 混合，保持纳米硅粉与七水合钼酸铵的质量比为（1~3）:（12.4~24.8），用于调控纳米硅粒子在碳/二氧化钼/硅/碳复合材料中的负载量；

任选的，步骤3）中盐酸的浓度为 0.5~1 M，盐酸的加量：纳米硅粉的质量 =（6~8）mL:（0.1~0.3）g；

任选的，步骤4）在室温下对混合溶液持续搅拌 24 h 以上，使原位聚合反应完全；所述的室温下对混合溶液持续搅拌 24 h 以上是将盛有混合溶液的玻璃容器放置在磁搅拌器上实现的。

……

审查员在审查意见中指出，权利要求1记载了"MoO2"，其为非规范性表述，导致权利要求保护范围不清楚，不符合专利法第二十六条第四款的规定。

权利要求 2 记载了"纳米硅粉为商业产品",本领域技术人员不能明了商业产品硅粉为何种硅,导致权利要求保护范围不清楚,不符合专利法第二十六条第四款的规定。并且权利要求 2 记载了"任选的",限定了不同的保护范围,导致权利要求保护范围不清楚,不符合专利法第二十六条第四款的规定。

专利代理师在答复审查意见中,将 MoO2 修改为 MoO_2,删除了纳米硅粉为商业产品的描述,同时将"任选的"技术方案作为新的从属权利要求。修改后的部分权利要求如下:

1. 一种碳/二氧化钼/硅/碳复合材料的制备方法,其特征在于:包括以下步骤:

步骤 1)将纳米硅粉超声分散于无水乙醇中,得到溶液 A;

步骤 2)将四水合四钼酸铵溶于去离子水中,得到溶液 B;

步骤 3)在搅拌条件下,将所述溶液 A 加入所述溶液 B,然后向混合溶液中加入苯胺,再向混合溶液中滴加盐酸;

步骤 4)在室温下对混合溶液进行搅拌,使原位聚合反应完全,然后过滤,用去离子水洗涤,干燥,得到含 Mo-Si 的有机前驱体;

步骤 5)将上步所得含 Mo-Si 有机前驱体在惰性气体保护下进行热处理,得到 $C-MoO_2-Si$ 复合材料;

步骤 6)采用间苯二酚和甲醛的原位聚合反应对上步得到的 $C-MoO_2-Si$ 复合材料进行酚醛树脂包覆,再在惰性气体保护下进行热解,即得到所述碳/二氧化钼/硅/碳复合材料。

2. 根据权利要求 1 所述碳/二氧化钼/硅/碳复合材料的制备方法,其特征在于:步骤 1)中所述的纳米硅粉直径为 20~60 nm。

3. 根据权利要求 1 所述碳/二氧化钼/硅/碳复合材料的制备方法,其特征在于:步骤 3)中所述溶液 A 与所述溶液 B 混合,保持纳米硅粉与七水合钼酸铵的质量比为(1~3):(12.4~24.8),用于调控纳米硅粒子在碳/二氧化钼/硅/碳复合材料中的负载量。

4. 根据权利要求 1 所述碳/二氧化钼/硅/碳复合材料的制备方法,其特征在于:步骤 3)中盐酸的浓度为 0.5~1 M,盐酸的加量:纳米硅粉的质量=(6~8)mL:(0.1~0.3)g。

5. 根据权利要求 1 所述碳/二氧化钼/硅/碳复合材料的制备方法,其特征在于：步骤 4）在室温下对混合溶液持续搅拌 24 h 以上，使原位聚合反应完全；所述的室温下对混合溶液持续搅拌 24 h 以上是将盛有混合溶液的玻璃容器放置在磁搅拌器上实现的。

在上述案例中，主要通过修改克服不清楚的问题，最终获得授权，授权文本参见 CN111180714B。

案例二：

申请号为 202010289292.0 的专利申请，涉及一种多孔 Si/SiC/C 材料的制备方法和负极材料，部分权利要求如下：

1. 一种多孔 Si/SiC/C 材料的制备方法，其特征在于，包括如下步骤：

S1：将废硅粉和镁粉研磨混合，所得的混合物加入溶剂后，进行物理球磨，之后烘干，得到硅镁合金粉体；

S2：在惰性气体保护下，将步骤 S1 得到的硅镁合金粉体进行加热反应，之后随炉冷却，研磨，得到硅化镁粉体；

S3：在 CO_2 氛围下，对步骤 S2 得到的硅化镁粉体进行加热处理，所述加热处理的条件温度为 600~650 ℃，时间为 30 分钟~2 小时，之后随炉冷却，研磨，酸洗，得到所述多孔 Si/SiC/C 材料，所述多孔 Si/SiC/C 材料为纳米级颗粒，尺寸为 100~300 nm；SiC/C 保护层内部为硅化镁在二氧化碳氛围中被还原生成的硅颗粒，SiC/C 保护层的厚度为 50~250 nm。

2. 根据权利要求 1 所述的多孔 Si/SiC/C 材料的制备方法，其特征在于，步骤 S1 中，所述废硅粉为光伏产业中切削硅锭产生的高纯度硅粉，硅含量大于等于 99.9%。

……

审查员在审查意见通知书中指出，权利要求 2 中"硅含量"，本领域技术人员不清楚此含量是质量含量还是摩尔含量，说明书也没有对此进行解释说明，造成权利要求保护范围不清楚，不符合专利法第二十六条第五款的规定。

专利代理师检查原始申请文件，发现确实没有在说明书中明确交代硅含量的类型。因此，选择在意见陈述中进行说明，并补充了证明文件[1]，具体如下。

---

[1] 刘洁，钱荣，卓尚军，等.高纯硅中痕量元素分析方法研究进展［J］.理化检验（化学分册），2013（1）：121-127.

申请人未进行修改,并做以下说明:

1. 权利要求 2 中"硅的含量大于等于 99.9%",是指硅的质量含量,因为所述废硅粉为光伏产业中切削硅锭产生的高纯度硅粉,本领域中高纯度硅是指硅的质量含量较高,杂质质量含量较少,参见证明文件中第 121 页。

在本发明说明书[0039]段,记载了废硅粉的定义:本发明中废硅粉为生产过程中产生的硅单质废料,纯度大于等于 99%,本领域中化学原料的纯度通常为质量百分数,由此可以佐证权利要求书中硅的含量是指质量含量。

因此,本领域技术人员清楚原权利要求 2 的保护范围,符合专利法第二十六条第四款的规定。

通过上述陈述,该案最终获得授权,授权文本参见 CN 111477849B。

兵法 9　修改超范围

【针对理由】专利申请不满足专利法第三十三条的规定。

专利法第三十三条

申请人可以对其专利申请文件进行修改,但是,对发明和实用新型专利申请文件的修改不得超出原说明书和权利要求书记载的范围,对外观设计专利申请文件的修改不得超出原图片或者照片表示的范围。

【应对策略】

审查员在审查意见中指出修改不符合专利法第三十三条,说明上一次答复审查意见时对文本的修改可能存在问题,碰到这种情况,专利代理师应先评估上一次修改超范围是否属实。

审查指南第二部分第八章第 5 节对修改的要求、允许的修改、不允许的修改和修改的具体形式进行了说明。总体上讲,修改不得超出原说明书和权利要求书记载的范围,这不仅包括原说明书和权利要求书文字记载的内容,也包括根据原说明书和权利要求书文字记载的内容及说明书附图能直接且毫无疑义地确定的内容。

实际工作中对于原说明书和权利要求书文字记载的内容一般没有争议,这些内容白纸黑字清楚记载在申请文件中,可以将其添加到某项权利要求中,进行进一步限定。但是,"直接且毫无疑义地确定的内容"则因人而异,往往发生争议。因此,当属于后一种情况,则要权衡能否保留上一次修改，可以先跟同行或者审查员进行沟通，探讨可接受的修改方案；若有把握说服审查员，则要在本次意见陈述中充分说理，最好能引用审查指南相关字段进行说明，或者结合经典案例进行举证。

【案例解析】

申请号为 CN03150996.7 的专利申请，涉及氨氯地平、厄贝沙坦复方制剂及应用，在原始申请中权利要求书部分内容如下：

1. 一种复方制剂，其特征在于该制剂是以氨氯地平或氨氯地平生理上可接受的盐和厄贝沙坦为活性成分组成的药物组合物。

2. 根据权利要求1所述的复方制剂，其特征在于其中活性成分氨氯地平和厄贝沙坦优选的重量比组成为 1:（10~50）。

……

申请人在实质审查阶段为了克服缺陷，修改了权利要求书，根据说明书中公开的氨氯地平 1 mg 与厄贝沙坦 30 mg 的组合，将重量比由 1:（10~50）修改为 1:（10~30）。授权文本参见 CN1270711C，新的权利要求1如下：

1. 一种复方制剂，其特征在于该制剂是以重量比组成为 <u>1:（10~30）</u> 的氨氯地平或氨氯地平生理上可接受的盐和厄贝沙坦为活性成分组成的药物组合物。

后来，该案在无效宣告中被第三人以上述修改方式超范围为由，提出无效宣告请求；申请人当庭提交了权利要求书的修改文本，将权利要求1中的比例"1:（10~30）"修改为"1:30"，合议组认为该修改超出了原申请文件记载的范围，不予接受新提交的修改文本。同时做出第14275号无效决定，以授权文本中权利要求的技术方案得不到说明书支持，不符合专利法第二十六条第四款的规定为由，宣告专利全部无效，参见第14275号无效决定。申请人上诉至北京市第一中级人民法院，北京市第一中级人民法院支持了复审委的决定。

申请人继续上诉至北京市高级人民法院，北京市高级人民法院认为：申请人在无效程序中将本专利权利要求1中"1:（10~30）"修改为"1:30"，这种修改没有扩大本专利的保护范围，也没有超出原权利要求书和说明书的记载范围，判决撤销一审判决及第14275号无效决定。

复审委不服判决向最高人民法院提起申诉，最高人民法院认为，本专利说明书明确公开了氨氯地平 1 mg 与厄贝沙坦 30 mg 的组合，对于比值关系的权利要求而言，说明书中具体实施例只能记载具体数值，而无法公开一个抽象的比值关系，对于本领域技术人员而言，1 mg/kg 和 30 mg/kg 表明的是两种成分的比值而非一个固定的剂量，故本案中应认定 1∶30 的比值关系没有超出原申请文件的记载范围。

上述案例说明，对于是否超范围，专利代理师可以站在本领域技术人员的角度进行考虑，是否能够确定无疑地得出。审查过程中，对专利文件的修改内容和方式加以限制，本质是为了平衡申请人与公众间的利益，即不允许申请人过度修改损害公众利益。另外，也不能过度限制专利修改，避免损害发明保护的实质。专利代理师作为申请人的权益维护者，应站在如何获得有效的、实质性的保护角度，争取合适的权利要求保护范围。

兵法 10　缺少必要技术特征

【针对理由】专利申请不满足专利法实施细则第二十条第二款的规定。
专利法实施细则第二十条第二款
　　独立权利要求应当从整体上反映发明或者实用新型的技术方案，记载解决技术问题的必要技术特征。

【应对策略】
　　审查指南中规定："必要技术特征是指，发明或者实用新型为解决其技术问题所不可缺少的技术特征，其总和足以构成发明或者实用新型的技术方案，使之区别于背景技术中所述的其他技术方案。

　　判断某一技术特征是否为必要技术特征，应当从所要解决的技术问题出发并考虑说明书描述的整体内容，不应简单地将实施例中的技术特征直接认定为必要技术特征。"

　　需要注意的是：对于本申请所要解决的技术问题可能存在不同的观点，进而导致对必要技术特征的划分不同，建议专利代理师结合案情进行说理，可以选择以下几个方面作为所要解决的技术问题[3]：

①本申请说明书中明确记载的技术问题。
②根据本申请背景技术部分推导出的技术问题。
③本申请客观上能够解决的技术问题。

当审查员指出权利要求缺少必要技术特征时，可以先评估是否合理，合理则将审查员指出的特征加到权利要求中进行限定。如果有把握说明该特征不属于必要技术特征，则可以进行说理陈述，例如，本申请所要解决的技术问题是什么，原权利要求中的方案能够解决该技术问题，或者审查员所指出的那部分特征是本领域公知内容。

【案例解析】

申请号为CN200710093702.9的专利申请，该方案涉及一种弹压式冲泡器，包括子杯、杯盖、设置在靠近子杯内侧壁的压杆，其特征在于：所述杯盖上设置有一个按钮，所述按钮的位置与所述压杆相对应，并在轴向上有一个自由行程，所述杯盖与子杯边缘相铰接，所述按钮的轴向两端分别为按压端和推动端，所述按压端和推动端之间设置有一个环形凹槽，对应的所述杯盖上设置有环形台阶，所述环形凹槽的宽度大于环形台阶的宽度，所述按钮通过环形凹槽嵌装在所述环形台阶上。

该方案在授权后被提出无效宣告请求。请求人认为，权利要求1中未记载子杯的出水口和实现出水的结构及它们与压杆的连接关系，也未记载按钮与压杆的连接方式、母杯和安装孔，以及按钮如何设置在杯盖上，该技术方案缺少解决技术问题的必要技术特征，不能实现冲泡器的基本功能。同理，权利要求2~7也存在上述缺陷。

专利代理师在答复中指出，根据本专利说明书的记载，背景技术中所述的弹压式冲泡器压杆与按钮连为一体，致使盖上杯盖时需将杯盖按钮孔对准弹压按钮，而杯盖无法与子杯连为一体，由此给使用带来了不便（参见本专利说明书第1页第14~第16行）。为此，本专利权利要求1提供了一种弹压式冲泡器，包括子杯、杯盖、压杆，其中杯盖上设置按钮，按钮的位置与压杆相对应，杯盖与子杯边缘相铰接，从而解决了盖上杯盖时按钮能够直接对准压杆、避免杯盖与子杯分离容易遗落杯盖的技术问题。由此可见，该技术方案记载了为解决其技术问题所不可缺少的技术特征，足以区别于背景技术中所述的其他技术方案，出水口、母杯、安装孔等技术特征对本领域技术人员而言是已知的，不属于本专利的创新之处，无须将其限定在独立权利要求中，因此，请求人提出的本专利权利要求1~7缺少必要技术特征、不符合专利法实施细则第二十条第二款规定的无效宣告理由不成立。

合议组认可了本案专利代理师的上述陈述，最终该案权利要求1~3因创造性不足被无效，在权利要求4~7的基础上继续维持该专利有效。

第三部分　创造性问题的应对策略

【针对理由】专利申请不满足专利法第二十二条第三款的规定。

第二十二条第三款

创造性，是指与现有技术相比，该发明具有突出的实质性特点和显著的进步，该实用新型具有实质性特点和进步。

创造性问题是专利代理师常遇到的审查意见类型，其答复难度相对第二部分来说更高，由于具体个案之间的差异，难以给出一个通用的策略，因此，本书第三部分就创造性评价中的答复策略进行分点说明。

专利代理师要答复创造性问题，首先要清楚审查员得出权利要求项不满足创造性的结论，是如何推导出来的。现有的专利审查通常采用三步法进行创造性评价，步骤如下。

（1）确定最接近的现有技术

审查指南中规定："最接近的现有技术，是指现有技术中与要求保护的发明最密切相关的一个技术方案，它是判断发明是否具有突出的实质性特点的基础。最接近的现有技术，例如可以是，与要求保护的发明技术领域相同，所要解决的技术问题、技术效果或者用途最接近和（或）公开了发明的技术特征最多的现有技术，或者虽然与要求保护的发明技术领域不同，但能够实现发明的功能，并且公开发明的技术特征最多的现有技术。

应当注意的是，在确定最接近的现有技术时，应首先考虑技术领域相同或相近的现有技术。"

（2）确定发明的区别特征和发明实际解决的技术问题

在审查中应当客观分析并确定发明实际解决的技术问题。为此，首先应当分析要求保护的发明与最接近的现有技术相比有哪些区别特征，然后根据该区别特征在要求保护的发明中所能达到的技术效果确定发明实际解决的技术问题。从这个意义上说，发明实际解决的技术问题，是指为获得更好的技术效果而需对最接近的现有技术进行改进的技术任务。

审查过程中，由于审查员所认定的最接近的现有技术可能不同于申请人在说明书中所描述的现有技术，因此，基于最接近的现有技术重新确定的该发明实际解决的技术问题，可能不同于说明书中所描述的技术问题；在这种情况下，应当根据审查员所认定的最接近的现有技术重新确定发明实际解决的技术问题。

重新确定的技术问题可能要依据每项发明的具体情况而定。作为一个原则，发明的任何技术效果都可以作为重新确定技术问题的基础，只要本领域的技术人员根据该申请说明书中所记载的内容能够得知该技术效果即可。对于功能上彼此相互支持、存在相互作用关系的技术特征，应整体上考虑所述技术特征和它们之间的关系在要求保护的发明中所达到的技术效果。

（3）判断要求保护的发明对本领域的技术人员来说是否显而易见

在该步骤中，要从最接近的现有技术和发明实际解决的技术问题出发，判断要求保护的发明对本领域的技术人员来说是否显而易见。判断过程中，要确定的是现有技术整体上是否存在某种技术启示，即现有技术中是否给出将上述区别特征应用到该最接近的现有技术以解决其存在的技术问题（发明实际解决的技术问题）的启示，这种启示会使本领域的技术人员在面对所述技术问题时，有动机改进该最接近的现有技术并获得要求保护的发明。如果现有技术存在这种技术启示，则发明是显而易见的，不具有突出的实质性特点。

可以看到，上面的步骤为连续推理，环环相扣呈递进式逻辑，专利代理师若能找出其中一个破绽，则可以断开创造性推理过程，相当于将串联电路断开，不具有创造性的推论自然不成立。

因此，寻找审查意见通知书中推理存在的瑕疵、错误是答复创造性问题的主要思路，特殊情况下，专利代理师也可以正面阐述本发明具有创造性的理由。

本书第三部分就答复创造性中可能存在的突破点进行一一说明，根据案件的不同，可能存在的突破点的类型和数目不同，如何识别这些突破口，是专利代理师需要不断尝试、不断学习的地方。因为大多数突破口都不会直观地、以文字的形式写在审查意见中，需要结合该申请的情况和对比文件的情况进行分析，并多次阅读相应的审查意见通知书，才能找到最合适的论点，即审查意见中推理最薄弱的环节。

同时，为了保证意见陈述有足够的说服力，建议专利代理师每次答复时选择突出的2~3个点进行重点陈述，不宜选择太多论点，铺得太开，要点可能难以突出。有经验的专利代理师，可以尝试答复论点的布局。例如，在第一次答复审查意见时陈述1~2个论点，留2~3个论点以应对可能出现的下一次审查意见。这就像将军在排兵布阵时，将不同的兵种、不同的武器放在不同阶段使用，从而做到作战全程游刃有余。

为了便于说明，后文中将最接近的现有技术简称为D1，将其他对比文件简称为D2、D3……

兵法11　最接近的现有技术

【应对策略】

专利代理师收到审查意见，首先需要考虑的便是，最接近的现有技术是否能够用于创造性评价。通过检查对比文件的公开日期，与本申请的申请日进行比较，如果对比文件的申请日在本申请的申请日之前，且对比文件的公开日在本申请的申请日之后（含申请日），则对比文件构成抵触申请。对于抵触申请的文件，可以以其不满足创造性评价条件为依据进行论述。

审查指南中规定："最接近的现有技术，是指现有技术中与要求保护的发明最密切相关的一个技术方案，它是判断发明是否具有突出的实质性特点的基础。最接近的现有技术，例如可以是，与要求保护的发明技术领域相同，所要解决的技术问题、技术效果或者用途最接近和（或）公开了发明的技术特征最多的现有技术，或者虽然与要求保护的发明技术领域不同，但能够实现发明的功能，并且公开发明的技术特征最多的现有技术。

应当注意的是，在确定最接近的现有技术时，应首先考虑技术领域相同或相近的现有技术。"

《审查操作规程·实质审查分册》第 4 章第 1.1 节给出了更具体的指导：在确定最接近的现有技术时，可以从其所属技术领域、解决的技术问题、技术效果或者用途和公开的技术特征四个方面考虑。通常按照如下顺序考虑并选择最接近的现有技术：①优先考虑技术领域相同或相近的现有技术；技术领域相同或相近时，优先考虑所要解决的技术问题、技术效果或用途最接近的现有技术，其次考虑公开了的发明的技术特征最多的现有技术。②无相同或相近技术领域的现有技术时，可以考虑选择与要求保护的发明技术领域不同，但能够实现发明的功能，并且公开发明的技术特征最多的现有技术作为最接近的现有技术。在实际确定最接近的现有技术时，除考虑独立权利要求外，还可以考虑对比文件中公开的发明从属权利要求技术特征的多少，以便于对从属权利要求的创造性进行评价。[4]

审查员如何选择最接近的现有技术，往往是专利代理师无法预期的。专利代理师在接到审查意见通知书时，常常是默认了审查员选择的最接近的现有技术。然而，根据笔者的经验，D1 不适合作为最接近的现有技术的案例时有发生，建议专利代理师核查 D1，注意以下情况：

① D1 不能作为本申请的起点，本申请基于一定的背景提出，而 D1 与本申请背景内容差异大，甚至在研究方向上相反，如 D1 存在有悖于本申请的内容。

② D1 不是技术方案，例如，审查员引用 D1 中一段功能性描述、一些概述内容，或者是一些原理描述，可能只是出自一段摘要中的内容，不构成一个完整的方案。

③ D1 不是一个技术方案，审查员进行了人为组合，比较明显的是审查员引用了 D1 中多个不同字段中的内容，如将不同实施例中的方案进行再拼凑。

④ D1 的技术领域与本申请不同或不相关，本领域技术人员存在跨领域学习和使用其他技术领域内容的困难。

⑤ D1 所要解决的技术问题与本申请的发明构思无关，审查员经常会选择公开特征最多的对比文件，或者是基于体现了发明点的一些关键技术特征的对比文件，作为最接近的现有技术；但基于这种选取方式容易忽略发明的整个技术构思，出现技术方案的割裂，技术特征简单、机械地对比[5]。

由于 D1 不适合作为最接近的现有技术，因此按常规情况，审查员需要重新检索并确定最接近的现有技术，此时则会拉长整个审查周期；也有个别审查员会坚持将 D1 作为最接近的现有技术的合理性，从而导致第二次审查意见继续基于 D1 进行评述。两种情况都造成对申请人不利，因此，笔者认为，当专利代理师发现存在上述情况时，不易争辩 D1 作为最接近的现有技术不合适，而应换一个角度，站在本领域技术人员角度，要利用 D1 解决技术问题是否存在困难，本申请是如何解决这些困难并取得技术突破的。

举例来说，对于 D1 不能作为本申请的起点的情况，答复要点可能在于本申请是如何突破现有技术偏见，并取得意想不到的技术效果。

对于 D1 不是技术方案的情况，答复要点可以是本领域技术人员基于 D1 要实现这个原理会遇到什么问题，本申请通过什么手段解决了这些问题。

对于 D1 不是一个技术方案的情况，可以指出本领域技术人员基于单个实施例的方案已经解决了相应的技术问题，没有动机进行不同实施例之间的结合，进而继续论述本发明在技术效果上相对于 D1 的优越性。

对于 D1 的技术领域与本申请不同的情况，可以论述本领域技术人员存在跨领域技术转移的障碍。此条通常需要结合技术问题、技术手段和技术效果的整体性来分析，即 D1 采用的方案领域、问题、手段和效果存在至少一个与本申请不同，本领域技术人员不能根据 D1 解决本申请的问题并取得相同的效果；如果属于转用发明，则答复策略参见兵法 33。

对于 D1 的所要解决的技术问题与本申请的发明构思无关，专利代理师可以陈述 D1 所要解决的技术问题及解决思路，相应地比较本发明的构思，本领域技术人员不能通过 D1 解决本发明的技术问题，也不存在对 D1 进行改进的动机。

【案例解析】

申请号为 CN201320516744.X 的专利申请，涉及一种梯架锁固件，权利要求 1 为：

一种梯架锁固件，其特征在于，包括折弯的板材，该板材的两个侧面上分别设有倾斜的长圆孔，两个侧面上的长圆孔沿板材的折弯线呈对称的八字形结构（图 1 和图 2）。

该实用新型专利中的梯架锁固件可以用于海洋工程项目的桥架中。从图 1 中可以看到，梯架锁固件是装配在立柱 5 上面的。其中梯架锁固件的板材 1 是折弯的，在板材 1 的折弯线 3 两侧，具有两个侧面，两个侧面上分别设有倾斜的长圆孔。在安装过程中，立柱 5 再与梯架锁固件的孔洞对齐，用螺栓固定，即可安装完成。

第三部分　创造性问题的应对策略

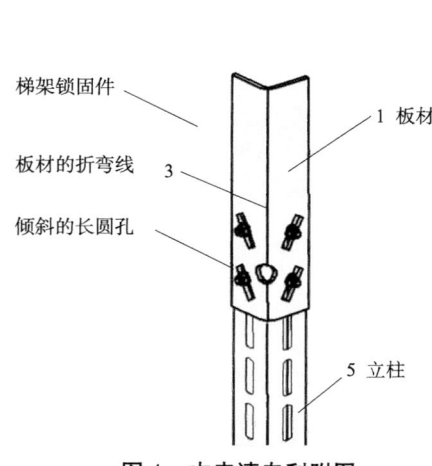

图1　本申请专利附图　　　　图2　D1专利附图

该实用新型专利授权后被提出无效宣告，无效请求人认为，相对于D1（CN201888569U）而言，权利要求1没有创造性。参见图2，D1公开了一种横梁式货架的立柱孔型，涉及货架的技术领域，其确保挂爪与立柱间的牢固，且不容易产生应力集中。横梁式货架包括立柱（1），所述立柱（1）上开有孔（2），其特征在于：所述孔（2）具体为楔形孔，且楔形孔的中心线与所述立柱的长度方向倾斜。可见，D1的立柱上也设有沿中心线对称的楔形孔，而且两侧的楔形孔也称八字形。看起来，D1与本专利的结构非常接近，应该可以用作最接近的现有技术评价本专利的创造性。

然而，专利代理师仔细分析D1发现，D1中开设于货架立柱上的特殊孔型用于容纳横梁挂爪，并未记载该货架立柱适用于本专利希望用于配合其他立柱孔洞从而对二者进行锁固的用途。此外，本专利所涉及的梯架锁固件作为支架或立柱与被锁固件之间的中间连接件，主要用于工程项目中，倘若重塑本专利的发明过程，本领域技术人员难以将横梁式货架立柱上的孔型或立柱作为本专利的发明起点。

其次，最接近的现有技术也可以考虑具有与本专利相同或相似技术问题的现有技术，但是D1公开的楔形孔所要解决的技术问题，是确保横梁挂爪伸入楔形孔后，实现横梁与立柱之间的牢固卡合，并避免货架被组装后由于货物重力而导致传到立柱上应力集中，并没有明确表述该立柱上的楔形孔，可以与另一支架或立柱孔洞配套，以保证螺栓将两个立柱进行锁固时，增加足够的调节余量,以及锁固后避免螺栓松动的技术问题。如果要以 D1 作为解决本专利上述技术问题的起点,本领域技术人员难以想到,将立柱的一个侧面沿该侧面上的两列楔形孔之间的中心线进行折弯,再将其应用到与另一立柱相配套以实现螺栓将二者锁固的技术方案,由此不可避免地从一开始就陷入无法通向本专利的困境,本领域技术人员在 D1 的基础上缺乏进行相关改造的目标,因而 D1 客观上并未提供通向本专利权利要求 1 请求保护的技术方案最有希望的路径。

最后,如前段所述,即使主观上将 D1 作为评价本专利"最接近"的现有技术,其与本专利权利要求 1 请求保护的技术方案相比存在的区别特征,即 D1 是横梁式货架的立柱孔型,该孔为楔形孔,呈两列八字形开设于货架立柱的某个侧面上,而本专利权利要求 1 中由折弯的板材构成的梯架锁固件,在其折弯板材两个侧面上,设有沿板材的折弯线呈对称八字形结构的长圆孔。上述区别特征所要解决的技术问题是,为了与支架或立柱孔洞配套,从而保证螺栓将二者锁固时,增加足够的调节余量,以及锁固后避免螺栓松动。综合考量本专利与 D1 在技术领域、技术手段及所要解决的技术问题上的差异,本领域技术人员难以根据 D1 获得常规结构调整或改造的逻辑指引。即使认为长圆孔、折弯板材属于常规的形状变化,本专利权利要求 1 所要求保护的技术方案也不是本领域技术人员针对 D1 进行简单变形而得到的,目前也没有证据证明上述区别特征均属于公知常识[4]。

综上,对于本领域技术人员来说,根据 D1 公开的内容,或结合本领域的公知常识,均无法显而易见地得到权利要求 1 所要求保护的技术方案,权利要求 1 相对于 D1 具备专利法第二十二条第三款规定的创造性。

通过上述分析,合议组最终认可了专利代理师的意见,维持了本案专利权有效,详见第 28909 号无效决定。

兵法 12　特征未一一比对

【应对策略】

当审查员将本申请的技术特征与 D1 进行比较时,可能泛泛地进行说理,表现在审查意见正文中,采用下面这样的描述:

①本申请涉及……,D1 公开了 ×××,可见,本申请与 D1 的区别

在于……

② D1 涉及 ×××，可见 D1 实质公开了本申请……

上面 ××× 引自 D1 的某一段文字，但并未说明 D1 中具体哪些内容对应于本申请的具体哪些特征。甚至有一些审查意见，引用对比文件说明书全文字段，来说明其公开了本申请的全部技术特征，就是不具体说明两篇专利中技术特征之间的对应关系。

由于未进行技术特征的逐一比对，审查员可能掺入自己知晓的技术经验，来确定区别特征。笔者认为，没有逐一比对就难以说清楚区别特征有哪些，后面确定本发明实际解决的技术问题，以及判断是否存在结合启示就更没有评述基础。因此，在这种情况下，专利代理师需要结合案情进行技术特征的逐一比对，最好能够将本申请权利要求 1 的技术特征和 D1 披露的技术特征一一列出，绘制对比表；通过对比表，直观地说明本申请的权利要求 1 与 D1 存在哪些区别特征。

当通过对比表分析得出的区别特征，有别于审查员的结论时，则需要在意见陈述中，给出本申请基于对比表重新确定的区别特征。一般来说，由于区别特征重新确定，此时可能存在 D1 不合适，需要重新确定最接近的现有技术，或者仍然以 D1 为最接近的现有技术，但由于区别特征的改变，相应地这部分特征在本申请中的技术效果很有可能不同于审查员指出的那些区别特征的技术效果，因此，需要重新确定技术问题，并构建新的三步法评价过程。无论哪一种，都不建议专利代理师将其作为答复的要点。三步法评价创造性是审查员的工作，而不是专利代理师，专利代理师侧重于找出审查员评价思路中的缺陷，从而得出本申请具有创造性的结论。在特殊情况下，专利代理师也可从正面直接说明本申请具有创造性，参见兵法 22。

因此，遇到特征未一一比对的情况，建议专利代理师列表进行特征比对，并明确一一比对得到的区别特征，把这些分析作为意见陈述的重点，再结合本申请的发明构思进行说明，从而体现发明构思不同的本源，即发明构思不同是存在上述区别特征的根源。

【案例解析】

申请号为 CN201911306974.1 的专利申请，涉及一种埃米抗氧化抗红外光带图案镜片，其特征在于：所述埃米抗氧化抗红外光带图案镜片包括基片和设置在所述基片表面的膜层，所述膜层包括由内向外依次层叠的打底层、图案抗氧化层和抗红外光层，其中：所述打底层由低折射率薄膜层和高折射率薄膜层交替组成,其中所述低折射率薄膜层与所述图案抗氧化层紧邻;所述图案抗氧化层由图案和第四抗氧化薄膜层组成,其中所述第四抗氧化薄膜层与所述抗红外光层紧邻;所述抗红外光层由高折射率薄膜层和低折射率薄膜层交替组成。

在审查意见中,审查员引用 CN109564306A 作为 D1,其公开了一种光学制品及塑料眼镜镜片,其可以抗红外,且参见说明书第 38 段,膜层厚度可以为 $0.12 \times 500/4$ nm$=15$ nm,即 150 埃米,因此公开了埃米抗红外的镜片,参见说明书第 14~第 20 段和第 34~第 88 段:镜片包括基材(相当于基片)和设置在基材表面的膜层,膜层是 SiO_2 层和 ZrO_2 层按照将从所述基材起计数的第 1 层作为所述 SiO_2 层而交替配置的方式层积合计 9 层而成的光学多层膜(相当于抗红外光层由高折射率薄膜层和低折射率薄膜层交替组成)。

因此,权利要求 1 与 D1 的区别特征为:镜片为抗氧化的且带图案,所述膜层包括由内向外依次层叠的打底层、图案抗氧化层和抗红外光层,其中:所述打底层由低折射率薄膜层和高折射率薄膜层交替组成,其中所述低折射率薄膜层与所述图案抗氧化层紧邻;所述图案抗氧化层由图案和第四抗氧化薄膜层组成,其中所述第四抗氧化薄膜层与所述抗红外光层紧邻。基于该区别特征,本申请实际解决的技术问题为怎样使得镜片抗氧化且能具有颜色变换的效果。

对于该区别特征,D2(CN109613716A)公开了一种抗氧化带图案的镜片,并具体公开了(参见权利要求 1~10,说明书第 2~第 69 段):所述膜层包括由内向外依次层叠的打底层、图案层、抗氧化层、防蓝光层和保护层,所述打底层由第一低折射率薄膜层和第二硒层组成(第二硒层公开了本申请的高折射率薄膜层,即公开了打底层由低折射率层和高折射率层交替组成),其中所述第二硒层与所述图案层紧邻;所述图案层由图案和第三低折射率薄膜层组成(公开了本申请的图案抗氧化层,其由图案和第四抗氧化薄膜层组成);所述抗氧化层为第四硒层,其在 D2 所起到的作用与本申请相同,均为使镜片抗氧化且能够具有多变的颜色,因此给出了结合启示,使得本领域技术人员能够在 D1 的基础上结合 D2,得到本申请的方案,权利要求 1 不具备创造性。

专利代理师阅读后认为,审查员并未进行逐一的技术比对,只是泛泛地评述了本申请的技术特征,结合本申请的情况,专利代理师进行了权利要求的修改，包括膜层的材料、厚度的限定，以及镜片性能参数的限定，并在意见陈述中指出以下内容。

第一，审查员仅仅指出D1公开了高、低折射率薄膜层交替，未进行技术特征的一一比较，即没有进行本申请膜层结构与D1的逐一比较，申请人不确定审查员是将本申请膜层的哪些特征与D1公开的哪些特征进行对应，因此无法核对区别特征，进而不能分析区别特征的效果。

为了便于说明，申请人以D1中实施例1为例，尝试将本申请的权利要求1记载的方案与D1进行比较，具体见如下特征比对表（表1）。

表1 本申请与D1的特征比对表

膜层	本发明		D1 实施例1		
	材料	厚度/埃米	材料	厚度×（λ/4）	厚度换算后/埃米
第1层	硅铝混合物或 MgF_2	50~150	SiO_2	0.094	117.50
第2层	Ti_3O_5 或 Ta_2O_5	100~300	ZrO_2	0.536	670.00
第3层	硅铝混合物或 MgF_2	50~150	SiO_2	0.551	688.75
第4层	镍	100~400	ZrO_2	0.245	306.25
第5层	Ti_3O_5 或 Ta_2O_5	200~500	SiO_2	0.046	57.50
第6层	硅铝混合物或 MgF_2	1000~1300	ZrO_2	0.201	251.25
第7层	Ti_3O_5 或 Ta_2O_5	650~950	SiO_2	0.622	777.50
第8层	硅铝混合物或 MgF_2	1000~1300	ZrO_2	0.109	136.25
第9层	Ti_3O_5 或 Ta_2O_5	500~900	SiO_2	0.332	415.00
第10层	硅铝混合物或 MgF_2	1000~1400			
第11层	Ti_3O_5 或 Ta_2O_5	550~950			
第12层	硅铝混合物或 MgF_2	300~950			

从表1看到，本申请新的权利要求1所述镜片膜层中每一层的材料都不

同于 D1，本申请第 10～第 12 层没有被 D1 公开，在厚度上本申请第 2、第 3、第 5、第 6、第 8、第 9 层的厚度也没有被 D1 公开，因此，本申请膜层结构与 D1 存在显著差异，区别特征整理如下：

① 本申请所述镜片膜层中第 1 层为硅铝混合物或 MgF_2 中的任意一种；第 2 层为 Ti_3O_5 或 Ta_2O_5 中的任意一种，厚度为 100～300 埃米；第 3 层为硅铝混合物或 MgF_2 中的任意一种，厚度为 50～150 埃米；第 1～第 3 层组成打底层。

② 本申请所述镜片膜层中第 4 层为镍；第 5 层为 Ti_3O_5 或 Ta_2O_5 中的任意一种，厚度为 200～500 埃米；第 4 层和图案组成图案抗氧化层。

③ 本申请所述镜片膜层中第 5～第 12 层为高折射率薄膜层和低折射率薄膜层交替组成抗红外光层，其中，第 5、第 7、第 9、第 11 层为 Ti_3O_5 或 Ta_2O_5 中的任意一种，第 6、第 8、第 10、第 12 层为硅铝混合物或 MgF_2 中的任意一种，厚度上第 5 层的厚度为 200～500 埃米，第 6 层的厚度为 1000～1300 埃米，第 8 层的厚度为 1000～1300 埃米，第 9 层的厚度为 500～900 埃米，第 10 层的厚度为 1000～1400 埃米，第 11 层的厚度为 550～950 埃米，第 12 层的厚度为 300～950 埃米。

④ 所述埃米抗氧化抗红外光带图案镜片对光学波长在 750～1100 nm 最低反射率大于 30%，平均反射率大于 60%。

根据本申请记载的镜片性能，可以知道所述镜片具有 3 个特点：抗红外、抗氧化、带有图案且图案不干扰视线，其中 D1 公开的镜片也具有抗红外效果，同时还具有耐久性，耐久性与抗氧化有相关性，以下申请人仅就本申请相比 D1 具有更好的抗红外效果进行说明。

根据 D1 说明书附图 5、图 7 和图 9，分别记载了 D1 实施例 1～3、实施例 4～6、实施例 7～8 的反射率分布图，可以看到 D1 中镜片对 750～1100 nm 范围的光波平均只有 30% 左右，最大反射率在 50% 左右。

而本申请新的权利要求 1 中所述镜片在 750～1100 nm 最低反射率大于 30%，平均反射率大于 60%，参见本申请说明书［0047］段。可见，本申请所述镜片在 750～1100 nm 段的平均反射率高于 D1，抗红外效果优于 D1。

因此，基于区别特征在本申请中的技术效果，可以确定本发明实际解决的技术问题是：如何提高镜片的抗红外效果，同时使镜片带有图案且图案不干扰视线。

第二，D1给出相反教导，本领域技术人员基于上述技术问题，没有动机进行D1的改进。具体地，根据D1说明书[0040]~[0042]段的记载："第2层（ZrO_2层）的光学膜厚形成为$0.400×\lambda/4$以上，优选形成为$0.400×\lambda/4$以上$0.650×\lambda/4$以下。

并且，第3层（SiO_2层）的光学膜厚形成为$0.230×\lambda/4$以上，优选形成为$0.230×\lambda/4$以上$0.560×\lambda/4$以下。

进而，光学多层膜形成为在近红外区域中在780 nm以上1500 nm以下的波长区域中的单面反射率的平均值为20%以上。"

也就是说：D1教导了膜层中第2层厚度要在$0.400×\lambda/4$以上，即第2层厚度要高于500埃米。本申请中第2层仅为100~300埃米，有悖于D1的教导。

同时D1教导了膜层中第3层厚度要在$0.230×\lambda/4$以上，即第3层厚度要高于287.5埃米。本申请中第3层仅为50~150埃米，有悖于D1的教导。

实质上，为了达到更好的抗红外效果，本申请与D1采取了不同的设计思路，本申请膜层分为打底层、图案抗氧化层和抗红外光层3组，3组之间在材料上既有差别又有关联，而D1仅仅是重复两种材料交替式层叠。同时，本申请中膜层分成打底层、图案抗氧化层和抗红外光层3组，实质上已经指明了设计构思，即不同功能的层进行结合，彼此之间还要考虑相互影响，因为镜片作为一个整体，在光学效果、抗氧化性能上必然是所有膜层的整体作用，而D1不涉及这种功能区分的思路。

因此，本申请的发明构思与D1显著不同，D1在膜层的厚度上给出与本申请技术方案相反的指引，本领域技术人员不能在D1的基础上进行改进而获得本申请。

第三，D1镜片没有涉及图案，本领域技术人员根据D1不能获得设计图案的启示，存在发现图案遮挡视线的技术问题的困难，因此没有动机进行D1与D2的结合。

退一步说，即使本领域技术人员偶然发现D2，也不能通过D1与D2的结合获得本申请，理由如下。

D2公开了硒层与图案层紧邻，作为抗氧化层。然而，本发明将图案与镍层相结合。硒与镍是不同的材料，在形成图案效果上，由于硒与镍的颜色不同，所形成的图案反差效果也不同；在抗氧化性上，由于镍层本身具有稳定性，从而使得镍层与上下层反差形成图案非常稳定，这是硒层所不具有的优势。

因此，D2实质上没有公开本申请第4层采用镍，本领域技术人员通过D1与D2的结合也不能获得本申请的方案，本申请相对于D1与D2的结合是非显而易见的。

通过上述说理，该案在复审阶段中得到合议组的支持，撤销驳回决定，最终授权，授权文本参见CN110927989B，授权文本中的权利要求1如下：

1. 一种埃米抗氧化抗红外光带图案镜片，其特征在于：所述埃米抗氧化抗红外光带图案镜片包括基片和设置在所述基片表面的膜层，所述膜层包括由内向外依次层叠的打底层、图案抗氧化层和抗红外光层，其中：所述打底层由低折射率薄膜层和高折射率薄膜层交替组成，其中所述低折射率薄膜层与所述图案抗氧化层紧邻；所述图案抗氧化层由图案和第四抗氧化薄膜层组成，其中所述第四抗氧化薄膜层与所述抗红外光层紧邻，所述图案抗氧化层中的第四抗氧化薄膜层为镍；所述抗红外光层由高折射率薄膜层和低折射率薄膜层交替组成；所述高折射率层为材料为Ti_3O_5或Ta_2O_5中的任意一种，所述低折射率层为硅铝混合物或MgF_2中的任意一种；所述打底层由第一低折射率薄膜层、第二高折射率薄膜层和第三低折射率薄膜层组成，其中所述第一低折射率薄膜层与所述基片紧邻，所述第三低折射率薄膜层与所述图案抗氧化层紧邻；所述抗红外光层由依次层叠的第五高折射率薄膜层、第六低折射率薄膜层、第七高折射率薄膜层、第八低折射率薄膜层、第九高折射率薄膜层、第十低折射率层、第十一高折射率层和第十二低折射率层组成，其中所述第五高折射率薄膜层与所述图案抗氧化层紧邻，所述打底层中第一低折射率薄膜层的厚度为50~150埃米，第二高折射率薄膜层的厚度为100~300埃米，第三低折射率薄膜层的厚度为50~150埃米；所述图案抗氧化层中第四抗氧化薄膜层的厚度为100~400埃米；所述抗红外光层中第五高折射率薄膜层、第六低折射率薄膜层、第七高折射率薄膜层、第八低折射率薄膜层、第九高折射率薄膜层、第十低折射率薄膜层、第十一高折射率薄膜层、第十二低折射率薄膜层的厚度依次为200~500埃米、1000~1300埃米、650~950埃米、1000~1300埃米、500~900埃米、1000~1400埃米、550~950埃米、300~950埃米；所述埃米抗氧化抗红外光带图案镜片对光学波长在750~1100nm最低反射率大于30%，平均反射率大于60%。

兵法 13　遗漏技术特征

【应对策略】

遗漏技术特征是指，审查意见中漏评了本申请的某个技术特征，而这个特征可能对于本申请的方案而言很重要，如一些限定词、连接关系等。专利代理师通过将本申请的特征与D1进行逐一比较，检查是否每一个本申请的特征，都在审查意见中被点到了。如果某个特征被审查员忽略了，那么区别特征就要重新确定，相应的技术问题及三步法的后续分析就要重来。从这里可以看到，找到漏评的技术特征，能够对审查过程和结论产生较大的影响，专利代理师应当重视。

发现审查员遗漏了技术特征，专利代理师可以在意见陈述中就该漏评的技术特征重点展开，说明其为本申请的方案带来了何种技术效果。由于此时可能需要重新确定最接近的现有技术，或者重新确定技术问题，这些内容涉及审查员的工作，建议专利代理师结合案情点到为止，把重点放在区别特征的分析上。

另外，审查员漏评了某个技术特征，并不意味着本申请的其他技术特征皆被D1实质公开，相反，出现漏评技术特征，表明审查员进行特征比对时存在失误，那么很大程度上可能其他特征也存在比对错误，例如，一些特征只是名称相似，实质不同，因此，专利代理师还要检查其他特征是否存在实质不同的情况，具体见兵法14。

【案例解析】

申请号为CN202010709700.3的专利申请，涉及一种胶体电解质，权利要求书部分内容如下：

1. 一种胶体电解质，其特征在于：所述胶体电解质由溶剂、无机胶凝剂、硫酸锌和硫酸锰混合组成流动态的稳定体系，其中，所述无机胶凝剂为纳米二氧化硅，粒径范围为5~15 nm。

2. 根据权利要求1所述胶体电解质，其特征在于：所述纳米二氧化硅的粒径范围为5~9 nm。

3. 根据权利要求1所述胶体电解质，其特征在于：所述溶剂为水，优选地，水占所述胶体电解质总重的55%~60%。

4. 根据权利要求 1 所述胶体电解质，其特征在于：所述纳米二氧化硅占所述胶体电解质总重的 0.5%~4%，优选为 0.6%~1.5%。

……

这种胶体电解质运用在锌离子电池中，比容量与常规锌离子电池相当，但循环性能得到明显改善。

在实质审查过程中，审查员找到 CN111211360A 作为 D1，认为 D1 公开的水系锌离子胶体电解质包括溶剂水；凝胶剂，所述凝胶剂由气相二氧化硅和（或）硅溶胶构成（相当于无机胶凝剂为二氧化硅），气相二氧化硅的粒径范围为 10~200 nm（相当于纳米二氧化硅，与粒径范围为 5~15 nm 有交集）；电解液，所述电解液为含锌离子和其他金属离子的溶液，锌离子盐如硫酸锌，其他金属离子可以包括锂离子、锰离子、钠离子、镁离子、钾离子等（公开了硫酸锰）；以及添加剂，所述添加剂包括表面活性剂或结构优化剂，所述添加剂相对所述电解液的添加量为 0.001wt%~0.01wt%。可见，D1 已经公开了权利要求 1 的全部技术特征，两者的技术方案相同，且技术领域相同，解决的技术问题相同，产生了相同的技术效果。因此，权利要求 1 不具有新颖性。

权利要求 2 的附加技术特征被 CN106374145A（D2）公开，D2 涉及胶体电解质，包括溶剂、电解质盐、凝胶剂及添加剂，其中凝胶剂可选纳米二氧化硅的粒径范围为 1~100 nm，与纳米二氧化硅的粒径范围为 5~15 nm 有交集。D2 给出了将该技术特征运用于 D1 以解决技术问题的启示，因此，权利要求 2 不具备创造性。

专利代理师在答复审查意见时进行了权利要求的修改，并在意见陈述中指出，D1 中的水系锌离子胶体电解质为准固态，具体实施例 1 中图 1 示出了实物图，为凝固后的胶体电解质（说明书［0041］段），从中可以看到，右图中倒置状态，电解质不会流出，不具有流动性。据此，可以毫无疑义地确定，D1 中准固态特性是一种不具有流动性的凝固胶体。

因此，D1 没有公开本发明权利要求 1 中所述胶体电解质为流动态的技术特征，这一点被审查员忽略，而该区别特征包含了本发明重要的发明构思。

第一，D1 说明书［0006］段记载，胶体电解质具有准固态特性，在离子电导率方面和水溶液电解质接近，既可以解决水溶液电解质在应用中存在的一些问题，又在电导率方面要远优于传统凝胶电解质。一方面，该胶体电解质可以通过其固有的物理特性固定电解液，杜绝电解质析晶与电池漏液的情况，同时缓解电池失水、极片粉化等问题。另一方面，凝胶态电解质降低了自由水的比例，可以有效抑制水的分解、缓解集流体腐蚀等问题。

可见，D1明确教导了凝固状态的胶体具有优势，包括杜绝电解质析晶与电池漏液、缓解电池失水、极片粉化问题等优势。本领域技术人员从D1得到的启示是获得准固态胶体电解质，所做出的改进努力也是往促使胶体凝固的方向。

然而，本申请倡导的是一种非凝固的胶体电解质，发明人认为，凝胶态电解质由于引入有机类的表面活性剂或者改性试剂，配方不够环保，更重要的是凝胶态的电解质具有不流动的固态或者准固态特征，不仅不利于电导率的提高，也不利于注液操作；另外，为了调控固态材料的结构，往往在制备工艺上过于复杂，成分涉及多种组分，造成推广运用困难等问题（参见说明书［0006］段）。

因此，本申请提出了一个新的技术问题，即固态或者准固态胶体电解质存在电导率低、不便于实际运用的问题。

第二，为了解决上述技术问题，发明人采用的方案是：以水作为溶剂，其含量为胶体电解质总重的55%~60%，以保证胶体较好的流动状态和电导率（参见说明书［0008］段），相应地，作为无机胶凝剂的纳米二氧化硅为0.6%~1.5%，纳米二氧化硅含量远远低于D1教导的2%~5%。

D2提供一种胶体电解质，包含添加剂，选自聚苯乙烯磺酸钠、烷基磺酸盐和硼酸盐中的至少一种，添加剂的主要作用是减缓电解质成胶的过程，同时保证增强胶体电解质的强度和稳定性，使胶体电解质不水化，使电解质成胶需要一定时间，从而方便电解质灌注到电池中（参见D2说明书［0032］段）。

可见，D2采用完全不同于本申请的发明构思，来达到胶体具有流动性，并且不水化的目的，即利用聚苯乙烯磺酸钠、烷基磺酸盐和硼酸盐等添加剂来干扰电解质成胶，减缓成胶速度。

D2没有公开本发明获得流动态的稳定体系的发明构思，即通过控制溶剂水的用量，以及纳米二氧化硅的含量，来实现胶体电解质的流动性。本领域技术人员不能从D2中获得本申请的技术启示。

第三，本发明的改进方向与常规认知相悖，一般认为胶体电解质只有在固态或者准固态才具有稳定性，而发明人则反向寻找流动态体系，因此，从这一角度可以看出本申请克服了现有技术偏见，取得了技术进步，从实施列1中可以看到，制备完成的胶体电解质室温下经过50天静置后，没有出现凝固或者沉淀，说明特定含量下胶体电解质能够保持很好的稳定性。

通过上述陈述，该案最后获得授权，授权文本参见 CN111883857B，授权文本的部分权利要求如下：

1. 一种胶体电解质，其特征在于：所述胶体电解质由溶剂、无机胶凝剂、硫酸锌和硫酸锰混合组成流动态的稳定体系，其中，所述无机胶凝剂为纳米二氧化硅，粒径范围为 5~15 nm；<u>所述溶剂为水，水占所述胶体电解质总重的 55%~60%；所述纳米二氧化硅占所述胶体电解质总重的 0.6%~1.5%</u>。

2. 根据权利要求 1 所述胶体电解质，其特征在于：所述纳米二氧化硅的粒径范围为 5~9 nm。

兵法 14　技术特征实质不同

【应对策略】

特征比对是整个审查工作的核心，在审查意见中，特征比对主要体现在下面两个部分：

①将本申请的技术特征与 D1 进行比较，找到区别特征。

②将区别特征与 D2 或者公知常识进行比较，判断是否公开及是否存在结合启示。

如果特征比对存在错误，则整个三步法评价体系难以成立，因此专利代理师需要重点检查上面两个部分的内容，尝试找到技术特征实质不同的答辩点。在阅读审查意见正文时，发现下面这些表述，则可能存在特征比对错误的情况：

①对比文件公开了……，<u>相当于</u>本申请权利要求的……

②对比文件公开了……，<u>对应于</u>本申请权利要求的……

③对比文件公开了……，<u>在对比文件公开的基础上，本领域技术人员很容易得知</u>……

上面第①种和第②种情况，说明对比文件公开的内容在文字上与本申请存在差异，这时可能存在同义词、上位词和下位词之间的等同，第③种情况则是审查员进行了推导，此时往往存在问题，要警惕过度推理的情况，即超出本领域技术人员的能力范围。

首先，正确的特征比对应当是将具体特征放在具体环境中，即在技术领域、技术问题、技术特征和技术效果的整体结合下，看技术特征是否实质相同。换句话说，当技术领域、技术问题和技术效果中有一个不同时，即使技术特征在文字上的表述一致，也是实质不同的技术特征。如果是同义词、上位词和下位词，则很容易出现技术问题、技术效果的不一致，因此，专利代理师要从整体性的角度来陈述技术特征实质不同。

其次，技术特征的作用往往不是唯一的，当本申请的一个技术特征具有 A 作用时，很容易找到一个对比文件公开了这个特征和 A 作用；当本申请的一个技术特征具有 A 作用和 B 作用时，想找到一个对比文件中刚好也是这个特征，也是 A 作用和 B 作用就有难度；当本申请的一个技术特征具有 A 作用、B 作用和 C 作用时，找到一个对比文件中刚好也是这个特征，同时具有 A 作用、B 作用和 C 作用可能性很低。这就给专利代理师启发，本申请的技术特征，是否存在对比文件的特征不具有的作用，如果能说理充分，则判定技术特征实质不同。

最后，单独分析技术特征实质不同，说服力有限，最好能结合本申请的发明构思进行阐述，为什么会存在这个特征差异，使审查员能够明白在发明构思上本申请与对比文件的差异，本申请对现有技术做出了贡献，从而有利于获得授权。

【案例解析】

申请号为 CN202010005382.2 的专利申请，公开了一种解决凹版印刷中"隐拉线"问题的方法，部分权利要求如下：

1. 一种解决凹版印刷中"隐拉线"问题的方法，其特征在于：以原有的电子雕刻凹版印刷工艺为基础，不改变油墨配方，通过调整凹印版辊网线、网角、针角、网点面积率中至少一种的参数，以实现缩小通沟宽度，达到阻断和分散油墨中絮凝颗粒物的目的，从而杜绝凹版印刷产品中的"隐拉线"现象。

2. 根据权利要求 1 所述解决凹版印刷中"隐拉线"问题的方法，其特征在于：通过调整网点面积率，以实现缩小印版通沟宽度，达到阻断和分散油墨中絮凝颗粒物的目的，从而杜绝凹版印刷产品中的"隐拉线"现象。

3. 根据权利要求 2 所述解决凹版印刷中"隐拉线"问题的方法，其特征在于：包括以下步骤：

步骤 1：以原有的凹版印刷工艺为基础，不改变凹印版辊网线、网角和针角参数，选择不同的网点面积率，在凹版印刷机上印刷出相应的印样，并测量出印刷品的密度值，绘出不同网点面积率对印刷密度的影响曲线图，借助不同网点面积率对印刷密度的影响曲线图找到网点面积率的最小值 X：当网点面积率 $\geq X$ 时，印刷密度相对于网点面积率 $< X$ 时增幅缓慢，说明当网点面积率 $\geq X$ 时，网点面积率的变动对印刷色相的影响也变小；

步骤 2：以网点面积率 $=X$ 为起点，以网点面积率为 100% 为终点，在 $X \sim 100\%$ 区间选择不同的网点面积率进行测试，凹印版辊中的其他工艺参数均不变，在同一印版以不同的网点面积率雕刻出相应的色块，进行上机印刷测试，随机连续抽取印刷样品进行"隐拉线"数量对比，借助对比结果找到网点面积率的最大值 Y：当网点面积率 $\leq Y$ 时，随机连续抽取印刷样品的"隐拉线"数量为 0，并且 $X \leq Y$；

步骤 3：以网点面积率 $=Z$ 进行印刷测试，$X \leq Z \leq Y$，通过调整油墨色浓度和（或）油墨印刷黏度来消除网点面积率变动后对颜色饱和度和印刷流平的不利影响，从而达到以调整网点面积率来阻断和分散絮凝颗粒物，同时不降低颜色饱和度和印刷流平的目的，最终确定解决凹版印刷中"隐拉线"问题的新工艺。

……

实质审查中，审查员找到期刊论文《转移印刷中常见故障的处理方法》作为 D1，其公开了印刷中图文边缘拉丝（呈头发丝状）现象的处理方法：印版腐蚀深度太深，在胶头粘墨过程中引起墨迹边缘的不规则变形和拉丝。要降低印版腐蚀深度，重新制作一块深度稍浅的印版。加网胶片或加网数选择不当，于较大面积的实地处由于油墨的内聚力引起拉丝（相当于"隐拉线"问题），可以调整试验不同的加网线数。审查员认为 D1 公开了调整网线以消除隐拉线问题，本发明没有创造性。

专利代理师进行了权利要求书的修改，并在意见陈述中指出：

第一，D1 中图文边缘拉丝不是本发明中所说的"隐拉线"现象，理由如下：根据本发明说明书［0008］段的记载：本发明中"隐拉线"的定义为：在图案暗调起刀处，随机拉出的中间浅两侧深白条，且数量不等、粗细不一。隐拉线是絮凝物的颗粒属性造成的，一般难以避免。图 1 给出了隐拉线的示意图。

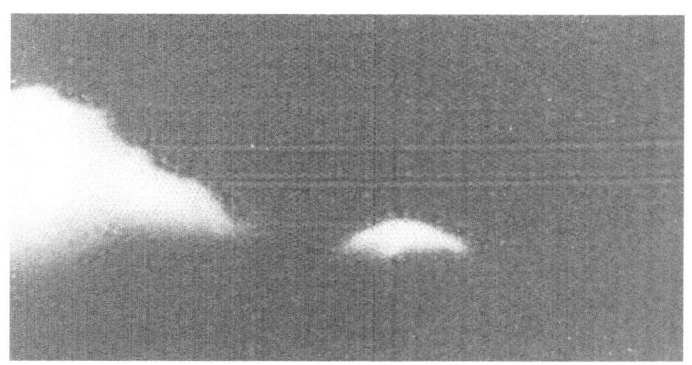

图 1　隐拉线示意图

图 2 示出的拉线通常为刮刀／版辊之间夹入异物以及刮刀缺损引起线状刮痕的发生。印版太深也是造成刮刀缺损的原因之一。这种叫明拉线。

图 2　明拉线示意图之一

同时印版太深也容易造成软异物堆积附着在刮刀内侧，其异物聚集在刮刀表面且根据刮刀的最后跳动、异物脱落引起如下图 3 中拉丝现象的发生。

图 3　明拉线示意图之二

图 2 和图 3 中的拉线出现在图文空白处或浅网区域较为明显，可称之为"明拉线"（见本发明说明书 [0003] 段），因此，D1 中所说的是明拉线问题。

第二，D1 中于较大面积的实地处由于油墨的内聚力引起拉丝，也不对应于本发明的"隐拉线"现象，理由如下：

在生产中，油墨的内聚力引起拉丝现象通常为满版线状条纹，该现象通常可以通过降低版深或提高油墨黏度得到改善。

因此，D1 实质上没有公开本申请所要解决的凹版印刷中"隐拉线"问题。本领域技术人员不能从 D1 出发，获得 D1 所没有披露的问题的解决方案。

第三，针对如何消除隐拉线，D1 没有公开本发明的解决思路，理由如下：

①针对图文边缘拉丝，D1 给出的印版腐蚀深度调整方案，印版腐蚀深度与网点面积率不相关，也不对应于通沟宽度。

根据本发明说明书附图 11 可以看到，通沟是电雕网点面积率较大的网穴之间做纵向流通的通道，用于增加油墨容量，提高暗调油墨转移量、增大暗调和印刷实地密度，调整版面流平性的作用，因此，通沟的宽度与印版腐蚀深度无关。

②针对内聚力引起拉丝，D1 给出的方案是试验不同的加网线数，该方法为本领域人员通过不断试验很容易想到的常规方法，应用该方法解决问题存在偶然性，没有针对指向解决问题的根本原因。

因此，D1 没有公开本发明调整凹印版辊网点面积率，以实现缩小通沟宽度的效果。

经过答复陈述，该案最终获得授权，授权文本参见 CN111169188B，其中权利要求 1 如下：

1. 一种解决凹版印刷中"隐拉线"问题的方法，其特征在于：以原有的电子雕刻凹版印刷工艺为基础，不改变油墨配方，通过调整<u>凹印版辊网点面积率</u>，以实现缩小通沟宽度，达到阻断和分散油墨中絮凝颗粒物的目的，从而杜绝凹版印刷产品中的"隐拉线"现象。包括以下步骤：

步骤 1：以原有的凹版印刷工艺为基础，不改变<u>凹印版辊网线、网角和针角参数</u>，选择不同的网点面积率，在凹版印刷机上印刷出相应的印样，并测量出印刷品的密度值，绘出不同网点面积率对印刷密度的影响曲线图，借助不同网点面积率对印刷密度的影响曲线图找到网点面积率的最小值 X：当网点面积率 $\geq X$ 时，印刷密度相对于网点面积率 $< X$ 时增幅缓慢，说明当网点面积率 $\geq X$ 时，网点面积率的变动对印刷色相的影响也变小；

步骤2：以网点面积率 $=X$ 为起点，以网点面积率为100%为终点，在 $X\sim 100\%$ 区间选择不同的网点面积率进行测试，凹印版辊中的其他工艺参数均不变，在同一印版以不同的网点面积率雕刻出相应的色块，进行上机印刷测试，随机连续抽取印刷样品进行"隐拉线"数量对比，借助对比结果找到网点面积率的最大值 Y：当网点面积率 $\leq Y$ 时，随机连续抽取印刷样品的"隐拉线"数量为0，并且 $X \leq Y$；

步骤3：以网点面积率 $=Z$ 进行印刷测试，$X \leq Z \leq Y$，通过调整油墨色浓度和（或）油墨印刷黏度来消除网点面积率变动后对颜色饱和度和印刷流平的不利影响，从而达到以调整网点面积率来阻断和分散絮凝颗粒物，同时不降低颜色饱和度和印刷流平的目的，最终确定解决凹版印刷中"隐拉线"问题的新工艺。

兵法15 区别特征为公知常识

【应对策略】

公知常识在创造性评价中经常遇到，在审查指南第二部分第四章第3.2.1节，关于创造性审查时提到：判断要求保护的发明对本领域的技术人员来说是否显而易见……下述情况，通常可以认为现有技术中存在上述技术启示：所述区别特征为公知常识，例如，本领域中解决该重新确定的技术问题的惯用手段，或教科书或者工具书等中披露的解决该重新确定的技术问题的技术手段。

上述规定给出了公知常识的几种例子，是一种开放式的表述，因此公知常识可以不局限于上述举例。通常，工具书可以是技术词典、技术手册，如网络公开的一些技术定义、文库等内容，而期刊论文和专利涉及一定的技术深度，一般直接作为对比文件，不适合作为公知常识。

审查员采用公知常识评述区别特征，应说明具体理由，在审查指南第二部分第八章第4.10.2.2节规定：在审查意见通知书中，审查员将权利要求中对技术问题的解决做出贡献的技术特征认定为公知常识时，通常应当提供证据予以证明。从中可以看到，公知常识不一定都需要有证据，如果技术特征对解决技术问题没有贡献，则审查员可以不举证。专利代理师认为某技术特征认定为公知常识有偏颇时，可以陈述该技术特征对技术问题的解决做出了贡献，请审查员进一步举证说明。

审查员已经在审查意见中给出公知常识的证据，则可以从以下角度答复。

（1）公知常识的技术效果不同，不能解决该重新确定的技术问题

公知常识必须与技术问题对应，如果公知常识脱离应用环境，如与技术问题不相关，则不属于解决该技术问题的公知常识[6]。因此，并非区别特征是公知常识时，就一定会认为给出了技术启示，还要看其是否与重新确定的技术问题有关，也就是公知内容中技术特征的作用。

如果只是孤立地看技术手段本身是否是惯用的技术手段，则会很容易得出区别特征是本领域的公知常识或者对于本领域技术人员来说很容易想到。专利代理师的工作就是要辨明公知常识与技术问题的关系，若公知内容的技术效果不能对应于基于D1重新确定的技术问题，则公知认定不成立。

（2）公知常识不是本领域的公知常识

公知常识应当是某个特定领域内的，而不是全领域的。专利代理师要慎重对待跨领域的公知常识评述，其他领域的内容，对本领域技术人员来说可能不是公知内容。此时，专利代理师可以主动举证，本领域的公知常识应该是什么内容。

（3）不存在结合动机

为了解决重新确定的技术问题，本领域技术人员利用现有技术与公知常识相结合，专利代理师可以尝试，站在本领域技术人员的角度，是否有动机将对比文件进行修改以获得本申请。

如果D1中没有提到重新确定出来的技术问题，该问题也不是本领域中比较常见的技术问题，则可能存在缺乏结合动机。

换句话说，在本领域的现有技术中，没有提到过该技术问题。可能的情形有：尚未发现该技术问题、该技术问题所造成的影响尚未引起本领域技术人员的关注等。在这种情况下，本领域技术人员在D1的基础上，不能得知该技术问题，没有进行改良的动机，即本领域技术人员在D1的基础上，无法想到本发明实际解决的技术问题，那么本发明必然具备创造性。

结合动机的角度与上面第（1）点中公知内容的技术效果有一定联系，

如果公知内容的技术效果与技术问题不对应，那么也可以说本领域技术人员没有动机进行结合。第（3）点更侧重从技术问题的常规与否角度进行突破，可参见兵法28；第（1）点则更侧重从公知内容本身的角度进行陈述。

（4）存在结合障碍，无法实现对比文件与公知常识的结合

专利代理师可以考虑以下情况：本领域技术人员将D1与公知常识进行结合，是否容易实现？是否在硬件上无法实现？是否会带来一些问题从而使得本领域技术人员不会考虑这样做？等等。如果本领域技术人员将D1与公知常识进行结合存在困难，专利代理师可以重点阐述难点，这些难点往往与区别特征之间的联系有关。

（5）技术特征结合后的技术手段不是公知内容

公知内容中的某个技术点，与现有技术结合后成为新的技术手段，如果该技术手段不是惯用手段，则公知认定也不成立。

举例来说，在通信领域，两点或更多点的按压操作是本领域技术人员容易想到的一种触摸屏操作，加亮对象也是对显示器执行的一种常规的显示操作，但是通过检测两点或更多点的按压操作，来确定是否加亮对象并不是本领域的常规技术手段。

再比如，在水处理领域，超滤处理和反渗透都是常规操作，但是将反渗透处理得到的产水再通入超滤装置并不是本领域的常规技术手段。反渗透的过滤精度优于超滤，因此通常是先进行超滤，之后将超滤处理得到的产水通入反渗透装置。

（6）公知常识性定律、原理

在实践中，往往会遇到区别特征与自然规律及定理之间存在联系的情况，虽然这些自然规律和定理是本领域的公知常识，但是采用某一具体的技术手段并非公知常识。因为虽然各个领域的定理、定律或者自然法则对于本领域的技术人员来说都是公知常识，但是通过对定理、定律、自然法则的不同运用，人们能够提出大相径庭的技术手段来解决近似或者相同的问题，正是这些利用相同的自然规律和定理而提出的不同技术手段才体现了创造性。因此，在判断创造性时，不能简单地认为，只要区别特征涉及自然定理、定律或自然法则，就简单地认为该区别特征是公知常识，不具有创造性，而是要考虑其对定理、定律、自然法则是否存在具有创造性的运用。

当发现审查意见中引用自然规律、定理、原理等作为公知常识时，专利代理师可以尝试，由某一自然规律或者定理出发，是否直接、唯一推导得出

区别特征。如果不是，则说明，本领域技术人员如何运用该原理存在多种可能，基于该原理不能必然获得区别特征的技术启示。举例来说，对于技术问题 A，本领域技术人员均知晓其解决方案需遵循技术原理 B，但技术原理 B 在现有技术中对应多种技术手段，且这些技术手段均与区别特征 C 不同，因此，在审查员未给出其他理由证明区别特征是公知常识的情况下，可以认为区别特征 C 不是公知常识。

（7）具体参数是否均为公知常识

专利申请与对比文件的具体参数存在差异，在审查意见中被认为是本领域技术人员的常规选择，此时需要分析本领域技术人员是否具有设置该参数的具体动机和启示，而不能一概将参数认为是公知常识，即改变参数是公知常识，但是将参数设置成某一特定值并不一定就是公知常识。专利代理师可以从解决了技术问题达到的技术效果等角度进行陈述。

【案例解析】

案例一：

申请号为 CN02806056.3 的专利申请，公开了一种建筑板，包括：

至少一对平行并且分隔开的肋结构；和位于所述成对的肋结构之间的盘，该盘包括多个分隔开的、相对于所述肋结构横向延伸的微凹槽，其中所述微凹槽的形式是平行并分隔开的槽和脊结构，在该结构中，从脊顶到槽底的深度为 0.1 mm，并且从脊顶到相邻脊顶的间距为 10 mm。

该专利授权后被提出无效宣告请求，在无效程序中，无效请求人主张，从脊顶到槽底的深度为 0.1 mm，并且从脊顶到相邻脊顶的间距为 10 mm，为常规选择。

专利代理师认为，首先，根据实际需要调整微凹槽的尺寸，固然是本领域常规技术手段，但是否能够调整到某一特定尺寸，仍要考虑现有技术中是否存在相应需求，而使本领域技术人员有动机做出相应调整。本申请所述的微凹槽的深度仅为 0.1 mm、深度和间距之比达到 1:100，这一比例关系显然超出了本领域技术人员在现有技术基础上所认知的常规尺寸范围，在现有技术中没有明确指引基于何种需求，而将凹槽尺寸朝本申请所述尺寸方向调整的启示，该尺寸对于本领域技术人员来说并非容易想到，进一步地可以分析本申请为什么要设置这样的尺寸，所达到的技术效果是什么，从而佐证该项权利要求具备创造性。合议组最终认可了该项权利要求的创造性，维持了专利权有效。

案例二：

申请号为 CN201110305533.7 的专利申请，公开了一种用于显示被存储为多个页面的内容的设备，包括：

检测单元，配置成检测第一用户操作；以及

控制单元，配置成：

发送信号以在屏幕上显示所述多个页面中的一个；并且

当检测的所述第一用户操作包括页面翻转指令时：

发送信号，以便当显示的页面处在第一标记页面之前或之后的第一页面数之外时，以第一速率连续地改变显示的页面。

实质审查中，审查员引用 US2008/0259057A1 作为 D1，并指出，本申请相对于 D1 的区别特征是：①控制单元，配置成：通过发送信号以控制屏幕上页面的显示。②在什么情况下以第一速率或第二速率改变显示的页面。基于上述区别特征，可以确定本申请实际解决的技术问题是：如何控制页面的显示和如何定位至标记页面。

对于区别特征①：通过发送型号的方式控制屏幕的显示是本领域常用技术手段，完成此功能的控制单元是常规设计手段，属于公知常识。

对于区别特征②：D1 已经公开了可以在书本页面中设置标签并且可以控制翻页速度为第一速率或第二速率，为了快速地翻页至加标签的标记页面，当显示的页面离标记页面较远如超过第一页面数时，以较快的第一速率翻页可以快速接近标记页面；当显示的页面离标记页面较近如小于第一页面数时，以较慢的第二速率翻页可准确定位至标记页面，这种设置方式属于公知常识。

专利代理师在意见陈述中指出，针对区别特征"控制单元，配置成：……当检测的所述第一用户操作包括页面翻转指令时：发送信号，以便当显示的页面处在第一标记页面之前或之后的第一页面数之外时，以第一速率连续地改变显示的页面；并且当显示的页面处在所述第一标记页面之前或之后的所述第一页面数之内时，在一段时间内以慢于所述第一速率的第二速率连续地改变显示的页面，其中，所述第二速率是这样的速率：在所述速率下，显示的页面为所述第一标记页面并且不发生变化"可以确定，权利要求 1 实际解决的技术问题是如何改变翻页速度。

而在本领域中，面对上述技术问题时，公知的是通过人为的方式来改变翻页速度。而本发明中的技术手段是通过显示设备本身自动改变翻页速度。

公知的技术手段和本发明的技术手段有很大的差别，因此权利要求1具备创造性[7]。

该案最后获得授权，授权文本参见CN102541433B，在授权文本中的权利要求1如下：

1. 一种用于显示被存储为多个页面的内容的设备，包括：检测单元，配置成检测第一用户操作；以及控制单元，配置成：发送信号以在屏幕上显示所述多个页面中的一个；并且当检测的所述第一用户操作包括页面翻转指令时：发送信号，以便当显示的页面处在第一标记页面之前或之后的第一页面数之外时，以第一速率连续地改变显示的页面；<u>并且当显示的页面处在所述第一标记页面之前或之后的所述第一页面数之内时，在一段时间内以慢于所述第一速率的第二速率连续地改变显示的页面，其中，所述第二速率是这样的速率：在所述速率下，显示的页面为所述第一标记页面并且不发生变化</u>。

兵法16　区别特征之间的划分方式

【应对策略】

当本申请相对于D1存在多个区别特征时，需要考虑这些区别特征的划分方式。划分时，一般应把能够实现一种相对独立的技术功能的技术单元，作为一个技术特征，不宜把实现不同技术功能的多个技术单元，划定为一个技术特征；技术特征的划分应该结合发明的整体技术方案，考虑能够相对独立地实现一定技术功能，并产生相对独立的技术效果的较小技术单元。

区别特征的划分方式，在最终创造性的认定上，起着举足轻重的作用。这是因为，对区别特征的组合方式不同，相应捆绑起来的技术特征组的技术效果就不同，那么在判断本发明实际解决的技术问题时，就有可能出现完全不同的结论，进而可能推翻基于技术问题认定错误的后续所有分析内容。

专利代理师基于案情分析，应该主动提出合理的区别特征方式，继而对相应特征集合的技术效果进行分析，分析技术效果时，最好可以引用原文记载的内容佐证，从而有说服力地给出本发明实际解决的技术问题，这些技术问题往往不同于审查意见中提出的本发明实际解决的技术问题。即使得出的技术问题相同，此时因为技术特征组中存在新的技术点，以及该技术点与本组内其他特征的联系发生变化，可能出现 D1 与 D2 的结合不足以得到本申请的方案，或者 D1 与 D2 的结合难以解决本申请的技术问题等情况，因此，本申请对本领域的技术人员来说是非显而易见的，本申请的技术方案具有创造性。

【案例解析】

申请号为 CN201910236795.9 的专利申请，涉及一种珍珠贝肽的生产方法，权利要求书的部分内容如下：

1. 一种珍珠贝肽的生产方法，其特征在于，该方法包括以下步骤：

（1）原料前处理：将珍珠贝去壳，取珍珠贝肉，清洗干净后加入 1~4 倍原料重的水，组织捣碎成匀浆，之后于 80~100 ℃下加热 10~30 min，再降温至 50~55 ℃成待酶解液；

（2）酶解：往所述待酶解液中加入用量为原料重量 0.05%~0.15% 的高效率复配酶制剂，混合均匀后在不调节 pH、不控制温度的自然条件下酶解 0.5~2 h，得到粗珍珠贝肽溶液；所述高效率复配酶制剂由 20 wt%~25 wt% 复合蛋白酶、20 wt%~25 wt% 碱性蛋白酶、20 wt%~25 wt% 中性蛋白酶、20 wt%~25 wt% 风味蛋白酶、7 wt%~8 wt% 动物蛋白水解酶和 2 wt%~3 wt% 酶激活剂组成，所述酶激活剂含有还原剂和二价金属离子；所述酶激活剂中还原剂和二价金属离子的摩尔比为 1:（0.5~2）；

（3）无机纳滤陶瓷膜过滤：将所述粗珍珠贝肽溶液采用截留分子量为 800 Da 的无机纳滤陶瓷膜过滤，所得透过液为高纯度珍珠贝肽溶液；

（4）高温高压处理：将所述高纯度珍珠贝肽溶液在温度不低于 110 ℃、压力不低于 0.1 MPa 的条件下进行高温高压处理，得到处理液；

（5）浓缩：将所述处理液进行减压加热浓缩，得到浓缩液；

（6）干燥制粉：将所述浓缩液进行喷雾干燥，得到珍珠贝肽粉末。

审查员在审查意见中指出，D1（CN101982114A）公开了一种马氏珍贝肉抗疲劳口服液的生产方法：包括将马氏珍贝肉打成浆状，加入 4 倍体积 6 号轻汽油搅拌除腥味，去 6 号轻汽油，离心收集马氏珍贝肉浆加 5 倍质量水搅拌，先后加入胰蛋白酶、木瓜蛋白酶、碱性蛋白酶酶解得酶解液，将酶解液离心取清液真空浓缩至氨氮含量 20~22 g/L，用无菌水稀释后加入甜蜜素等制成产品。权利要求 1 请求保护的技术方案与 D1 公开的内容相比，区别特征为：权利要求 1 是制备得到粉状珍珠贝肽，D1 是珍珠贝肽口服液；权利要求 1 还包括原料前处理时将原料加热降温、用无机纳滤陶瓷膜过滤、高温高压处理步骤；权利要求1是利用复配酶制剂在自然条件下进行酶解，D1是先后加入几种蛋白酶；权利要求1省略了加入汽油去腥、加入甜蜜素调味等；具体操作细节有所不同。基于上述区别特征所能达到的技术效果，可以确定权利要求1实际解决的技术问题是如何简化工艺、提高酶解效率、获得一种口感细腻的珍珠贝肽。

对于上述区别特征，本领域技术人员容易想到制成粉状产品，将珍珠贝加水打浆，组织匀浆加热有助于蛋白质变性酶解是常规操作，为了简化工艺，容易想到去掉加入汽油去腥、加入甜蜜素调味的操作，也容易想到将几种蛋白酶制成复配酶制剂加入，至于蛋白酶的种类、用量及酶解时间可以根据需要调整。

另外，D2（CN106282284A）公开了在复合蛋白酶中加入酶激活剂，给出了在复合蛋白酶中加入酶激活剂以提高酶解效率的启示，本领域技术人员容易想到，在复合蛋白酶中加入酶激活剂。D3（CN101341978A）公开了海参酶解液过滤，之后脱盐脱砷处理，采用纳滤膜进行，之后灭酶，温度80~90 ℃，之后直接进行干燥，采用离心式喷雾干燥机。D3给出了酶解后纳滤再进行灭酶干燥的启示，本领域技术人员容易想到，将酶解液进行纳滤并灭酶，无机纳滤陶瓷膜是常规的纳滤膜，可以常规选择，而截留分子量可以常规调整。

专利代理师分析上述审查意见，认为区别特征缺乏分类，导致技术问题混乱，审查员实质上是进行单个区别特征的比较，分散地与公知常识、D2、D3进行比较，这对本申请极为不利，因为这样弱化了本来具有关联性的技术特征，造成真正的技术问题被掩盖。

在意见陈述中，专利代理师修改了权利要求，对高温高压处理的条件进行了限定，并主动对区别特征进行了分组。与D1相比的本发明的区别特征至少有：

（1）原料前处理中组织捣碎成匀浆之后于80~100 ℃下加热10~30 min，再降温至50~55 ℃成待酶解液。

（2）酶解时采用不同的酶制剂，不调整温度即自然状态下酶解。

（3）无机纳滤陶瓷膜过滤：将所述粗珍珠贝肽溶液采用截留分子量为800 Da的无机纳滤陶瓷膜过滤，所得透过液为高纯度珍珠贝肽溶液。

（4）高温高压处理：将所述高纯度珍珠贝肽溶液在温度不低于110 ℃、压力不低于0.1 MPa的条件下进行高温高压处理，得到处理液；所述高温高压处理的条件包括温度为110~130 ℃，压力为0.1~0.3 MPa，时间为5~20 min。

（5）浓缩时采用减压加热浓缩，得到浓缩液。

（6）干燥制粉：将所述浓缩液进行喷雾干燥，得到珍珠贝肽粉末。

根据本申请说明书［0023］段的记载：采用加热处理和高效率复配酶制剂酶解的组合技术手段，显著提高了酶解珍珠贝肉蛋白的酶解效率，使得在不调节最适pH、不控制最适温度的自然条件下完成高效发酵。因此，上述特征（1）和（2）构成一组技术手段，解决了不调节最适pH、不控制最适温度的自然条件下高效发酵问题。

本申请说明书［0024］~［0025］段的记载：在酶解之后采用无机纳滤陶瓷膜过滤的技术手段，去除不易溶解的物质和易吸潮的糖类成分，提高最终得到的珍珠贝肽成品的水复溶性，并且成品储藏过程中不易吸潮结块。在陶瓷膜过滤之后将所得肽溶液采用高温高压处理，这样能够进一步提高最终得到的珍珠贝肽成品的水复溶性，成品更细腻，极易溶于水。

因此，上述特征（3）~（6）构成一组技术手段，实现了提高产品水复溶性和保藏时间的延长。

审查意见中提出权利要求1实际解决了"如何简化工艺、提高酶解效率、获得口感细腻的珍珠贝肽"，没有考虑到特征之间彼此的联系，根据本申请说明书中记载的技术关联，本申请对技术特征进行划分，构成两组技术手段，根据这两组技术手段，本发明相对于D1实际解决的技术问题包括：

a. 如何在不调节最适pH、不控制最适温度的自然条件下高效发酵。

b. 如何提高产品水复溶性、延长产品保藏时间。

接着，专利代理师分析了针对技术问题a，D2公开了海参低聚肽生产用酶及酶解工艺，包括：海参浆料调整温度和pH后进行预处理，之后加入复合蛋白酶进行酶解，可见D2是在调整温度和pH的前提下进行后续酶解，没有给出如何解决问题a的启示，因此，D1与D2的结合不能解决如何在不调节最适pH、不控制最适温度的自然条件下高效发酵的问题，本领域技术人员缺乏动机进行D1与D2的结合，本发明相对于D1与D2的结合是非显而易见的。

针对技术问题b，D3公开了海参功能食品的加工方法，包括：酶解液脱盐脱砷，采用纳滤膜进行；之后灭酶，温度80~90 ℃，保持5~20 min。根据D3说明书第3~第5页的记载：脱盐脱砷处理既降低了产品中的盐含量和砷含量，保证了产品的卫生安全和健康，同时脱盐脱砷是一个浓缩过程，一部分水被去掉，这将大大减轻后续干燥的负担。可见，D3中纳滤膜过滤酶解液的作用是降低了产品中的盐含量和砷含量，同时除掉部分水，作用不用于本发明，D3实际上没有公开本发明的区别特征，本领域技术人员不能从D3中得出解决产品水复溶性、产品保藏问题的启示，没有动机进行D1与D3的结合。

通过以上分析，专利代理师否定了审查员的推理过程，进而得出本申请具有创造性的结论。

该案至本书截稿仍在继续审查阶段，感兴趣的读者可以通过专利检索网站查看专利当前状态。

兵法 17　忽略区别特征之间的联系

【应对策略】

在审查指南第二部分第二章中规定："权利要求书应当记载发明或者实用新型的技术特征，技术特征可以是构成发明或者实用新型技术方案的组成要素，也可以是要素之间的相互关系。"这里的"要素之间的相互关系"往往被忽略，在审查意见中出现逐一地、单个地进行技术特征的比对，割裂技术特征间的联系。

本章的要点与兵法16有一定联系，兵法16侧重于审查意见中没有对技术特征进行划分，专利代理师应主动划分；或者审查意见中划分方式不妥，专利代理师应陈述正确的划分方式及理由。兵法17侧重于分析特征之间的联系，例如，某些组分的协同作用，或者某些部件存在配合关系，具有$1+1>2$的技术效果，而协同的技术效果没有被对比文件公开，基于此，可能提出新的技术问题。

分析技术特征之间的联系，在无效阶段也经常被采用。在无效阶段，可以对权利要求进行合并式修改，即将两项或者两项以上相互无从属关系，但在授权公告文本中从属于同一独立权利要求的权利要求进行合并。在此情况下，所合并的从属权利要求的技术特征组合在一起形成新的权利要求，此时可能对应新的技术问题，达到$1+1>2$的技术效果，从而突破创造性问题。

【案例解析】

案例一：

申请号为 CN200810035381.1 的专利申请，涉及一种空气包装装置及其生产方法，经过实审后被驳回，复审后授权，参见 CN101549774B，授权的权利要求如下：

1. 一种空气包装装置，由两层热塑薄膜经二次热塑封而形成一个可存放气体的空间，包括多个独立的密封气室和主通道，主通道有一气体进口，每个密封气室通过由两层薄膜构成的一个单向阀与主通道联通，部分气室或全部气室内安装有两个或两个以上的单向阀，其特征在于，对应于包装物体折弯处的气室直径小于其他气室直径；经二次塑封而形成的二次塑封线到包装物体折弯处的气室直径小于其他气室直径，并且左右两侧的第一气室成为所包装物体的侧部缓冲抗压的侧压气室，所述侧压气室是相对包装物体折弯处的气室直径具有较大主直径的气室。

可以看出，本专利的独权，在"其特征在于"之后，主要是两个技术特征，一个是"对应于包装物体折弯处的气室直径小于其他气室直径，经二次塑封而形成的二次塑封线到包装物体折弯处的气室直径小于其他气室直径"，即二次塑封线内侧是小直径气室；另一个是"左右两侧的第一气室成为所包装物体的侧部缓冲抗压的侧压气室，所述侧压气室是相对包装物体折弯处的气室直径具有较大主直径的气室"，即二次塑封线外侧形成大直径的侧压气室。

从原始专利说明书中，可以知道对应这些技术特征有如下有益效果，即设置小直径气室达到的效果有：充气包装袋的容纳空间可以适宜容纳不同尺寸的包装物品，大小气柱交替，提供不同缓冲效果；而设置侧压气室，可以增强充气包装袋的侧面缓冲效果。

该案后续被提出无效，无效请求人认为，证据1（CN2918259Y）公开了本专利权利要求1的前序部分，证据2（CN2741903Y）和证据3（CN2700260Y）则启示了权利要求1的特征部分，其中证据2明确启示了热印刷点和两侧气室，而证据3公开了中央处的气室直径小于其他气室直径，热封线采用非等间隔的方式设置使各气室尺寸大小不一，以及两侧的气室直径大于中央处的气室直径。故本专利的权利要求1相对于证据1、证据2及证据3的结合不具备创造性。

专利代理师认为，如果将两者分别单独作为一个区别特征，以及利用说明书中记载的上述技术效果去做创造性争辩，则无效请求人提出的证据对本专利非常不利，最后的无效审查决定的结果也将会充满变数。因此，在庭审过程中，并没有把两个技术特征分别单独划成一个区别特征，而是将两个技术特征并在一起，合并以后划定为一个区别特征，通过两个技术特征的组合与互动，所达到的技术效果，去突破创造性问题。

此时，答复的重点要放在针对两个特征的组合所产生的技术效果。一方面，强调二次塑封线两侧的大小气室的排列形成缓冲空间，即二次塑封线在充气包装袋主体的侧面具有收紧作用，而相邻的大小直径气室的搭配作用，使得大直径侧压气室与小直径气室之间的缓冲空间增大，该缓冲空间可以起到缓冲作用。这样又使得大直径侧压气室受到外界撞击和冲击应力时，大直径侧压气室在该缓冲空间中产生位移，从而给大直径侧压气室提供形变空间，当外界撞击和冲击应力撤销时，大直径侧压气室恢复原始的形状和位置，加强了大直径侧压气室的弹性恢复性能，从而加强了大直径侧压气室的侧面缓冲效果。

另一方面，二次塑封线内侧的小气室能够被两侧的大气室隐藏，即小气室被二次塑封线的收紧作用内收，导致两侧的大气室互相靠近而将小气室隐藏在相邻的大气室之间。因为大直径侧压气室侧面提供缓冲作用，这样外界的冲击应力不会直接作用在小气室上，从而不会通过小直径气室传递至包装物品，以防止包装物品被作用至大直径侧压气室上的外界撞击或冲击应力而损坏。

合议组最终认可了上述的分析，维持专利权有效，参见第 26158 号无效决定。

案例二：

申请号为 201810233237.2 的专利申请，涉及一种饲料添加剂，权利要求书的部分内容如下：

1. 一种饲料添加剂，其特征在于，所述饲料添加剂含有鱼油和混合色素，所述鱼油中 n-3 系列高度不饱和脂肪酸的含量不低于 20 重量%，所述混合色素由叶黄素和虾青素按照（0.5~2）:1 的重量比组成。

2. 根据权利要求 1 所述的饲料添加剂，其中，所述鱼油中 n-3 系列高度不饱和脂肪酸的含量为 25 重量%~35 重量%，优选为 28 重量%~32 重量%；所述混合色素中叶黄素和虾青素的重量比为（0.8~1.2）:1，优选为 1:1。

3. 根据权利要求 1 或 2 所述的饲料添加剂,其中,所述鱼油和混合色素的重量比为 1000:(1~3),优选为 1000:2。

在实质审查中,审查员以 CN102657298A 作为 D1,其公开了一种大黄鱼体色增强剂,包括虾青素、叶黄素和角黄素,其质量百分比分别为 20%~45%、20%~45% 和 20%~45%。由此可见,D1 实质上公开了一种饲料添加剂。

权利要求 1 要求保护的技术方案与 D1 相比,其区别在于:还包括鱼油,不包含角黄色,限定了鱼油成分组成。基于上述区别,权利要求 1 实际解决的技术问题是:如何丰富添加剂的营养功效。

对于上述区别,D2(《禁食及饲料 n-3 HUFA 水平对大黄鱼体成分、脂肪酸组成和生化指标的影响》,张振宇)公开了:以大黄鱼专用粉状饲料为基础饲料,分别添加不同比例富含 n-3 HUFA(34.6%)鱼油和大豆油(10%),配制成 4 种等氮等能实验饲料,n-3 HUFA 相对含量分别为 30.8%、24.84%、19.92% 和 13.72%。由此可见,D2 给出了以富含 n-3 HUFA 的鱼油作为饲料添加剂的教导,且在 D2 中的作用与本申请相同,均是发挥富含 n-3 HUFA 的鱼油的营养功效,本领域技术人员容易想到选择富含 n-3 HUFA 的鱼油作为饲料添加剂的原料,并可基于需要选择鱼油中不饱和脂肪酸的含量;角黄素为常用饲料添加剂,本领域技术人员可以根据需要舍弃;叶黄素和虾青素重量比也是 D1 基础上容易调整后获得的。

因此,在 D1 的基础上结合 D2,得到权利要求 1 的技术方案对本领域的技术人员来说是显而易见的,权利要求 1 不具有创造性。

专利代理师通过分析后,进行了权利要求项的修改,并进行了以下意见陈述。

本发明新的权利要求 1 所述饲料添加剂中,还含有鱼油,没有被 D1 公开,D2 公开了含 n-3 HUFA 的鱼油在大黄鱼饲料上的运用,本领域技术人员可能会想到,在 D1 公开的基础上添加鱼油。

然而,色素和含 n-3 HUFA 的鱼油并不是单独发挥作用,而是存在相互作用,具体说明如下:

第一,本发明利用色素增强 n-3 HUFA 鱼油的吸收转化效果,使得相比单纯仅添加 n-3 HUFA 鱼油,大黄鱼的抗氧化能力得到提高,该技术点不属于公知内容。

从本发明实施例表 4 的数据可以看到,D1 的大黄鱼肝脏 T-AOC、SOD

和 CAT 值最低，显著低于其他组（$P > 0.05$），其中 D1 组与 D2、D3 和 D4 相比，饲料差异在于 D1 组没有添加混合色素，而 D2、D3 和 D4 添加了不同比例的混合色素，这就说明混合色素起到了增加 n-3 HUFA 鱼油发挥效果的作用。

从原理上分析，这可能是由于叶黄素和虾青素具有抗氧化作用，能更好保护大黄鱼体内的不饱和脂肪酸免受氧化破坏，提高不饱和脂肪酸在鱼体内的沉积率，即大黄鱼食用叶黄素和虾青素后，会增强其对 HUFA 鱼油的吸收速度。

第二，色素和 n-3 HUFA 鱼油比例失衡会导致大黄鱼的部分蛋白活性下降，免疫力下降，即本领域技术人员存在将色素和 n-3 HUFA 鱼油共同使用的困难。

从本发明实施例表 4 的数据可以看到，D4 组 T-AOC 值最高，但是 SOD 和 CAT 值均低于 D2 和 D3，表明 D4 组超氧化物歧化酶和过氧化氢酶活性显著弱于 D2 和 D3。D2、D3 和 D4 这三组都添加了混合色素和 n-3 HUFA 鱼油，且混合色素比例依次提高，而超氧化物歧化酶和过氧化氢酶活性上 D3 > D2 > D4，说明在一定范围内增加色素，可以增强大黄鱼的抗氧化综合水平，但过量的色素，反而会对超氧化物歧化酶和过氧化氢酶活性产生危害。

本发明新的权利要求 1 控制鱼油和混合色素的重量比为 1000∶2，解决了混合色素对 n-3 HUFA 鱼油发挥部分抗氧化作用的不利影响，从而获得了大黄鱼体色提高和抗氧化能力提升的同步最佳，大幅提高了大黄鱼鱼肉的营养品质。

经过答复陈述，该案最终获得授权，授权文本参见 CN 108208472B，其中部分权利要求如下：

1. 一种饲料添加剂，其特征在于，所述饲料添加剂含有鱼油和混合色素，<u>所述鱼油和混合色素的重量比为 1000∶2</u>，所述鱼油中 n-3 系列高度不饱和脂肪酸的含量不低于 20 重量%，所述混合色素由叶黄素和虾青素按照 <u>1∶1 的重量比组成</u>。

2. 根据权利要求 1 所述的饲料添加剂，其特征在于，<u>所述鱼油中 n-3 系列高度不饱和脂肪酸的含量为 25 重量%~35 重量%</u>。

3. 根据权利要求 1 所述的饲料添加剂，其特征在于，<u>所述鱼油中 n-3 系列高度不饱和脂肪酸的含量为 28 重量%~32 重量%</u>。

兵法 18　忽略区别特征与其他特征的联系

【应对策略】

区别特征不仅彼此之间存在联系，区别特征与非区别特征之间，也可能存在特定的关系，倘若后者被忽略，则可能造成确定区别特征在本申请中实际解决的技术问题出现失误。

技术方案是技术手段的集合，技术手段通常是由技术特征来体现的。只有正确梳理技术特征之间的逻辑关系，才能从宏观层面上对方案进行整体把握。审查指南在创造性评价三步法中指出，对于功能上彼此相互支持、存在相互作用关系的技术特征，应整体上考虑所述技术特征和它们之间的关系在要求保护的发明中所达到的技术效果。因此，专利代理师要通过分析区别特征与其他特征的联系，重点考虑区别特征在整体方案中所起的作用，即从整体性视角来看待区别特征。

审查意见在创造性评述过程中，多见于将区别特征与所要求保护的方案割裂开，仅关注该区别特征自身是否被现有技术所公开，而不去关注包括该区别特征的方案，整体上要解决的技术问题和所得到的技术效果，专利代理师要在意见陈述中明晰区别特征与其他特征的联系，厘清基于整体视角的技术效果，从整体性视角确定合适的技术问题。具体地，可以从技术领域、技术问题和技术效果3个方面出发，对区别特征在本申请中能解决什么样的技术问题、能得到什么样的技术效果进行分析，并将该分析结果与区别特征在对比文件中所起的作用和所能得到的效果进行比对，由此可有效避免因将区别特征与本申请方案割裂，而导致的创造性判断受到主观因素的干扰。

【案例解析】

申请号为 CN202010005382.2 的专利申请，公开了一种解决凹版印刷中"隐拉线"问题的方法，部分权利要求如下：

1. 一种解决凹版印刷中"隐拉线"问题的方法，其特征在于：以原有的电子雕刻凹版印刷工艺为基础，不改变油墨配方，通过调整凹印版辊网线、网角、针角、网点面积率中至少一种的参数，以实现缩小通沟宽度，达到阻断和分散油墨中絮凝颗粒物的目的，从而杜绝凹版印刷产品中的"隐拉线"现象。

2. 根据权利要求 1 所述解决凹版印刷中"隐拉线"问题的方法，其特征在于：通过调整网点面积率，以实现缩小印版通沟宽度，达到阻断和分散油墨中絮凝颗粒物的目的，从而杜绝凹版印刷产品中的"隐拉线"现象。

3. 根据权利要求 2 所述解决凹版印刷中"隐拉线"问题的方法，其特征在于：包括以下步骤：

步骤 1：以原有的凹版印刷工艺为基础，不改变凹印版辊网线、网角和针角参数，选择不同的网点面积率，在凹版印刷机上印刷出相应的印样，并测量出印刷品的密度值，绘出不同网点面积率对印刷密度的影响曲线图，借助不同网点面积率对印刷密度的影响曲线图找到网点面积率的最小值 X：当网点面积率 $\geq X$ 时，印刷密度相对于网点面积率 $< X$ 时增幅缓慢，说明当网点面积率 $\geq X$ 时，网点面积率的变动对印刷色相的影响也变小；

步骤 2：以网点面积率 $=X$ 为起点，以网点面积率为 100% 为终点，在 $X\sim 100\%$ 区间选择不同的网点面积率进行测试，凹印版辊中的其他工艺参数均不变，在同一印版以不同的网点面积率雕刻出相应的色块，进行上机印刷测试，随机连续抽取印刷样品进行"隐拉线"数量对比，借助对比结果找到网点面积率的最大值 Y：当网点面积率 $\leq Y$ 时，随机连续抽取印刷样品的"隐拉线"数量为 0，并且 $X \leq Y$；

步骤 3：以网点面积率 $=Z$ 进行印刷测试，$X \leq Z \leq Y$，通过调整油墨色浓度和（或）油墨印刷黏度来消除网点面积率变动后对颜色饱和度和印刷流平的不利影响，从而达到以调整网点面积率来阻断和分散絮凝颗粒物，同时不降低颜色饱和度和印刷流平的目的，最终确定解决凹版印刷中"隐拉线"问题的新工艺。

……

本案中，所谓隐拉线，是相对于明拉线而言，明拉线出现在图文空白处或浅网区域较为明显，一般可通过提高印版质量、打磨印版、更换刮刀、过滤油墨及使用竹签在刮刀上剔除絮凝物予以解决。而"隐拉线"的定义是：在图案暗调起刀处，随机拉出的中间浅两侧深白条，且数量不等、粗细不一，隐拉线是因油墨中絮凝颗粒物引起，该现象一直是近年来困扰凹印行业的一大难题。

实质审查中，审查员找到期刊论文《转移印刷中常见故障的处理方法》作为 D1，其公开了印刷中图文边缘拉丝（呈头发丝状）现象的处理方法：印版腐蚀深度太深，在胶头粘墨过程中引起墨迹边缘的不规则变形和拉丝。

要降低印版腐蚀深度，重新制作一块深度稍浅的印版。加网胶片或加网数选择不当，于较大面积的实地处由于油墨的内聚力引起拉丝（相当于"隐拉线"问题），可以调整试验不同的加网线数。审查员认为D1公开了调整网线以消除隐拉线问题，本发明没有创造性。

专利代理师进行了权利要求书的修改，并在意见陈述中指出：

本发明通过深入研究，提出了缩小通沟宽度，达到阻断和分散油墨中絮凝颗粒物的目的，从而杜绝凹版印刷产品中的"隐拉线"现象的发明思路。发明人虽然找到了解决问题的根本，然而通沟宽度无法进行直接调整，凹版版辊的夹角、网线设计、倾斜、凹槽大小等都因素是彼此关联的。

本发明实施例2给出了在不改变其余参数的前提下，仅仅单独缩小原有通沟的宽度，结果发现会造成网点变形，参见图13，从而严重影响印刷质量，无法完成印刷（本发明说明书［0175］～［0176］段）。这说明通沟宽度与其他技术点密切相关，单纯地缩小通沟宽度，将无法解决本发明的技术问题。

经过不断尝试，发明人提出了以调整凹印版辊网点面积率为手段，以实现缩小通沟宽度为目的解决方案，从而解决凹版印刷产品中的"隐拉线"这一行业难题。参见本发明实施例3，当网点面积率小于94%时，100个样品均未发现"隐拉线"，只是相比原始改进方案前存在一定的色差，为此，实施例4中使用暗调网点面积率为94%的印版进行正式测试，并通过提高油墨色浓度来消除色差。最终获得满意的结果：在不添加助剂及其他额外措施的条件下，未发现"隐拉线"，产品满足方案实施前质量要求。相关原辅材料均无须苛刻要求，生产工艺容易控制，油墨消耗及生产能耗均大幅降低，生产过程稳定，解决"隐拉线"这一行业难题。同时，按照改进后的方案进行印刷，可节约成本约85万元/年。

经过答复陈述，该案最终获得授权，授权文本参见CN111169188B，其中权利要求1如下：

1.一种解决凹版印刷中"隐拉线"问题的方法，其特征在于：以原有的电子雕刻凹版印刷工艺为基础，不改变油墨配方，通过调整凹印版辊网点面积率，以实现缩小通沟宽度，达到阻断和分散油墨中絮凝颗粒物的目的，从而杜绝凹版印刷产品中的"隐拉线"现象。包括以下步骤：

步骤1：以原有的凹版印刷工艺为基础，不改变凹印版辊网线、网角和针角参数，选择不同的网点面积率，在凹版印刷机上印刷出相应的印样，并测量出印刷品的密度值，绘出不同网点面积率对印刷密度的影响曲线图，借助不同网点面积率对印刷密度的影响曲线图找到网点面积率的最小值 X：当网点面积率 $\geq X$ 时，印刷密度相对于网点面积率 $< X$ 时增幅缓慢，说明当网点面积率 $\geq X$ 时，网点面积率的变动对印刷色相的影响也变小；

步骤 2：以网点面积率 $=X$ 为起点，以网点面积率为 100% 为终点，在 X~100% 区间选择不同的网点面积率进行测试，凹印版辊中的其他工艺参数均不变，在同一印版以不同的网点面积率雕刻出相应的色块，进行上机印刷测试，随机连续抽取印刷样品进行"隐拉线"数量对比，借助对比结果找到网点面积率的最大值 Y：当网点面积率 $\leq Y$ 时，随机连续抽取印刷样品的"隐拉线"数量为 0，并且 $X \leq Y$；

步骤 3：以网点面积率 $=Z$ 进行印刷测试，$X \leq Z \leq Y$，通过调整油墨色浓度和（或）油墨印刷黏度来消除网点面积率变动后对颜色饱和度和印刷流平的不利影响，从而达到以调整网点面积率来阻断和分散絮凝颗粒物，同时不降低颜色饱和度和印刷流平的目的，最终确定解决凹版印刷中"隐拉线"问题的新工艺。

兵法 19　技术问题上位化

【应对策略】

技术问题上位化是指，审查意见中重新确定的技术问题不是区别特征对应的技术问题 A，而是技术问题 A 的上位概念 B，例如，技术问题 A 是如何实现污泥脱水，上位化后的 B 是一种更好的资源回收处理方法。显然，通过上位化获得的问题 B，几乎可以囊括所有的回收处理方法，只要是涉及回收处理的方案，皆可以拿来与 D1 进行结合，且作用都是实现更好的资源回收，从而便于审查员进行 D1 与 D2 的结合式评述，得出没有创造性的评价结果。

针对技术问题上位化，专利代理师首先要进行技术问题归位，即明确本申请相对于 D1 的区别特征，然后根据该区别特征在本申请中所能达到的技术效果确定实际解决的技术问题。最后指出 D2 不能解决该技术问题，或者 D2 公开的技术特征的作用，与该特征在本申请中的作用不同，从而得出 D1 与 D2 的结合启示不成立，即本领域的技术人员在面对该实际解决的技术问题时，没有动机改进 D1，D1 与 D2 的结合并非显而易见。

【案例解析】

申请号为 CN201910540339.3 的专利申请，公开了一种渐变型吸波材料制备方法，权利要求 1 中的方法包括如下步骤：

a. 将吸波材料填入模具中；

b. 震荡所述模具，使所述吸波材料中的吸波剂浓度在垂直方向上自上而下逐渐增加；

c. 将震荡后所述模具中吸波材料的表面抹平，冷却固化，得到渐变型吸波材料。

在审查意见通知书中，审查员引用 CN105348802A 作为 D1，其公开了基料和吸波剂均匀混合得到吸波浆料，以及后续固化处理得到吸波材料，认为权利要求 1 的区别在于：还包括步骤：震荡所述模具，使所述吸波材料中的吸波剂浓度在垂直方向上自上而下逐渐增加和将震荡后所述模具中吸波材料的表面抹平。基于上述区别特征可以确定，权利要求所要求保护的技术方案相对于 D1 实际要解决的技术问题是：如何提升材料的吸波性能。在此基础上，审查员找到了 CN1216790A 作为 D2，认为 D2 公开了吸波剂浓度在垂直方向上自上而下逐渐增加，因而与本申请中作用相同，都是提升吸波性能，给出了技术启示。

专利代理师认为，在任意吸波材料产品的研发过程中，其归根结底都是为了提升吸波材料的吸波性能。审查员在确定权利要求 1 的技术方案实际解决的技术问题时，进行了上位化处理，存在不合理性。结合本申请的具体情况，专利代理师进行了权利要求书的修改，将从属权利要求中记载的内容合并到权利要求 1，形成新的权利要求 1 如下：

一种渐变型吸波材料制备方法，其特征在于，该渐变型吸波材料的制备方法包括如下步骤：

a. 将吸波材料填入模具中；

b. 震荡所述模具，使所述吸波材料中的吸波剂浓度在垂直方向上自上而下逐渐增加；

c. 将震荡后所述模具中吸波材料的表面抹平，冷却固化，得到渐变型吸波材料。

在步骤 c 之后还包括：将固化后的所述渐变型吸波材料放入方形模具中，注入液态透波材料层，至齐平所述方形模具开口端；冷却固化，形成受保护的渐变型吸波材料；其中，所述方形模具的高度与所述渐变型吸波材料的高度相同。

上述方案中，一方面由于渐变型吸波材料内部渐变分布的吸波剂，提高了渐变型吸波材料的电磁损耗效率，使得电磁波在经过所述渐变型吸波材料内部时被最大限度地吸收；另一方面由于在所述渐变型吸波材料复合了透波性质的透波材料，使得电磁波在经过所述渐变型吸波材料表面时，最大限度地进入所述渐变型吸波材料的内部。如此，同时实现了吸波材料对电磁波的低反射和高衰减。

因此，根据上述区别特征在本申请所能达到的技术效果，可以确定本案权利要求1的技术方案实际解决的技术问题是：如何优化吸波材料对电磁波高吸收低反射的性能。专利代理师的修改可以突出这一点结论。

在此基础上进一步确定，对于本案实际解决的技术问题，D2的方案实际上并不能给出相应解决手段方面的技术启示，因为所起的具体作用与本申请完全不同，D2对于本申请不存在任何技术启示。该案最终获得授权，授权文本参见CN110248528B，在授权文本中的权利要求1如下：

1.一种渐变型吸波材料制备方法，其特征在于，该渐变型吸波材料的制备方法包括如下步骤：a.将吸波材料填入模具中；<u>所述吸波材料包括由吸波剂及透波结构材料复合构成的吸波材料</u>；b.震荡所述模具，使所述吸波材料中的吸波剂浓度在垂直方向上自上而下逐渐增加；c.将震荡后所述模具中吸波材料的表面抹平，冷却固化，得到渐变型吸波材料；<u>在步骤c之后还包括：将固化后的所述渐变型吸波材料放入方形模具中，注入液态透波材料层，至齐平所述方形模具开口端；冷却固化，形成受保护的渐变型吸波材料；其中，所述方形模具的高度与所述渐变型吸波材料的高度相同。</u>

兵法20 技术问题手段化

【应对策略】

技术问题手段化是指，确定本发明实际解决的技术问题时，带入了技术手段或该手段的指引。如果审查意见中没有分析区别特征在发明中所达到的技术效果，直接在确定发明实际解决的技术问题中，把技术手段本身当作技术问题，由于该技术问题已经带有的技术手段，相当于指引审查员找到对比文件，即寻找相关领域中公开该技术手段的D2即可。此时，带有本申请解决技术问题提出的技术手段的指引式比较，实质上是技术手段与技术手段的比对。假如现有技术中的技术手段和本申请中所采用的技术手段相同，那么审查员会武断认为现有技术给出了技术启示，而不会考虑区别特征在本申请和现有技术中所起的作用是否相同，容易陷入"事后诸葛亮"的误区。

此时，专利代理师要检查审查意见中指出的区别特征是否准确，在此基础上分析其在本申请的技术效果，并确定本发明实际解决的技术问题。进一步地，分析区别特征在对比文件中的作用，由于作用不同于本申请，则不存在任何技术启示，从而否定审查员的推理过程。

【案例解析】

申请号为202011010812.6的专利申请，涉及一种发声装置的振膜，权利要求的部分内容如下：

1. 一种发声装置的振膜，其特征在于，所述振膜包括至少一层改性膜层，所述改性膜层由硅橡胶与改性剂共混改性后形成的共混聚合物制成，其中，所述改性剂为丁二烯-丙烯腈共聚物、丁二烯-苯乙烯共聚物、聚硫橡胶、聚氨酯类橡胶、聚丁二烯中的至少一种。

2. 如权利要求1所述的发声装置的振膜，其特征在于，所述硅橡胶采用液态硅橡胶，所述改性剂为液态改性剂。

3. 如权利要求1所述的发声装置的振膜，其特征在于，所述硅橡胶的含量为所述共混聚合物总质量的40%~98%，所述改性剂的含量为所述共混聚合物总质量的2%~60%。

……

在审查意见通知书中，审查员认为本申请权利要求1相对于所提供的D1（CN106817658A），当改性剂包含聚硫橡胶、聚氨酯类橡胶、聚丁二烯中的至少一种时，方案没有新颖性；当改性剂包含丁二烯-丙烯腈共聚物、丁二烯-苯乙烯共聚物至少一种时，区别特征在于：改性剂为丁二烯-丙烯腈共聚物、丁二烯-苯乙烯共聚物。基于上述区别特征，权利要求1与D1相比，其实际所要解决的技术问题是：如何构成改性剂。在此基础上，审查员找到了一篇D2（CN106982408A），认为D2中披露的特征"丙烯腈-丁二烯-苯乙烯共聚物"，在D2中所起的作用与其在本申请中相同，均起到了组成振膜的作用，给出了技术启示。因此，在D2的启示下，本领域技术人员容易想到采用丁二烯-丙烯腈共聚物、丁二烯-苯乙烯共聚物作为改性剂，这是本领域的常规手段，根据D1与D2的结合判定没有创造性。

在上面的审查意见中，所确定的实际解决的技术问题"如何构成改性剂"，该问题是一种技术手段而不是技术问题，由于该技术问题已经带入了技术手段，即采用改性剂，容易造成低估本申请的创造性和"事后诸葛亮"的错误。而且，该问题也看不出区别特征在本申请的具体作用，根据该问题寻找D2只需要其采用了相同或相似的改性剂即可，这大大降低了审查员寻找D2的难度，也可以在审查意见中以看似合理的方式进行D1结合D2式的评价创造性。

根据本申请的具体情况，所述振膜可以增大硅橡胶的分子间作用力和（或）空间位阻，使振膜具有优良的阻尼性能，发声装置在振动过程中一致性优，抗偏振能力优，降低失真性能，具有更高的音质。因此，根据上述区别特征所能达到的技术效果，可以确定本申请权利要求1的技术方案实际解决的技术问题是：如何改善硅橡胶振膜的阻尼性能。

专利代理师在意见陈述中指出：本发明的技术方案是建立在以硅橡胶材质的振膜的方案基础之上，如果是其他材质的振膜，那么就不存在硅橡胶振膜存在的阻尼性能较差的问题，因此，在确定发明实际解决的技术问题时，应将"硅橡胶振膜"考虑在内。某些技术特征并不是单一地发挥作用，其产生的技术效果与技术方案中其他特征密切相关，而审查员的评述方法则忽略了"硅橡胶振膜"，仅关注单个的技术特征而强行地将技术方案割裂开来，未能整体考虑技术方案，进而产生对发明实际解决的技术问题的错误认定。

D1中示例性地给出了橡胶混炼胶具有的众多选择，这些选择中包含了硅橡胶、聚硫橡胶、聚氨酯橡胶和聚丁二烯。显然，多种物质组合方式众多，并不必然包含有硅橡胶，而且D1中使用橡胶混炼胶，通过注塑或膜压或注压的方式使振动部成型的目的是使制成振膜的工艺简化，一致性好。可见，D1中并未意识到硅橡胶存在阻尼性能较差的问题。因此，所属技术领域的技术人员基于最接近的现有技术，提出"如何改善硅橡胶振膜的阻尼性能"这一发明实际解决的技术问题就有难度，在此基础上就更谈不上如何去解决该技术问题。

在此基础上，专利代理师进一步分析了上述技术特征在本申请和D2中所起的作用不同，不存在任何技术启示。由此进一步否定了审查员的创造性审查结论，该案最终经过修改后得到授权，参见CN111935602B，在授权文本中的权利要求 1 如下：

1. 一种发声装置的振膜，其特征在于，所述振膜包括至少一层改性膜层，所述改性膜层由硅橡胶与改性剂共混改性后形成的共混聚合物制成，其中，所述改性剂为丁二烯-丙烯腈共聚物、丁二烯-苯乙烯共聚物、聚硫橡胶、聚氨酯类橡胶、聚丁二烯中的至少一种；所述硅橡胶的含量为所述共混聚合物总质量的 40%~98%，所述改性剂的含量为所述共混聚合物总质量的 2%~60%。

兵法 21　技术问题特征化

【应对策略】

技术问题特征化是指，在确定本发明实际解决的技术问题时，以区别特征本身的优点或者缺陷作为问题，而不是基于其在本申请中所起到的作用。如果审查员基于区别特征本身所固有的功能、缺陷，而不是区别特征在申请中所能达到的技术效果，来确定发明实际解决的技术问题，那么其所确定的技术问题可能有误。在实际审查意见中，这种情形时有发生，笔者以为，由于专利撰写方式多样，加上审查员审查过程中对案件的理解程度各异，可能难以在短时间内把握发明的整体面貌和关键发明点，导致在审查意见中以区别特征自身的、单一的作用来确定技术问题，而不是根据特征彼此的联系、不是整体地看到其作用的现象一再出现。

专利代理师要注意："区别特征所能达到的技术效果"是指将区别特征放置在本发明整体技术方案的大环境中，与其他技术特征共同作用之后最终产生的技术效果。而区别特征本身所固有的功能是指区别特征作为一个独立的单元天然具有的技术功能，区别特征固有的缺陷是特征自身的问题，因此，这两种方式确定下来的技术问题，并不能当然等同于区别特征所能达到的实际技术效果。

面对出现技术问题特征化的审查意见，专利代理师可以先分析区别特征在本申请的作用，进而指出审查意见中确定技术问题的失误，并指出真实的技术问题；然后分析基于该技术问题，D2 不存在解决该问题的技术启示，本领域技术人员根据 D1 和 D2 公开的内容，结合本领域惯用的技术手段，无法解决前述技术问题并获得其技术效果。

【案例解析】

申请号为CN200880112898.4的专利申请，公开了一种吸水性树脂的制备方法，权利要求书如下：

1. 吸水性树脂的制备方法，其特征在于，向聚合水溶性烯属不饱和单体所得的吸水性树脂前体中添加下述通式（1）表示的氧杂环丁烷化合物，加热并进行后交联反应：

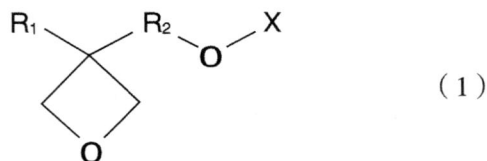

式中，R_1表示碳原子数1~6的烷基，R_2表示碳原子数1~6的烷二基、X表示含有选自羰基、磷酰基和磺酰基中的至少一种基团的原子团。

2. 权利要求1所述的吸水性树脂的制备方法，其中X为含有磺酰基的原子团。

3. 权利要求1或2所述的吸水性树脂的制备方法，其中相对于为了得到吸水性树脂前体而使用的水溶性烯属不饱和单体的总量，氧杂环丁烷化合物的添加量为0.001摩尔%~5摩尔%。

4. 吸水性树脂，其特征在于：该吸水性树脂由权利要求1~3中任一项所述的制备方法所得，生理盐水保水能力为30 g/g以上、2.07 kPa荷重下的生理盐水吸水能力为28 mL/g以上、水可溶成分为20质量%以下。

该案件在实质审查过程中，申请人合并了原权利要求1~3，并根据说明书的记载在新的权利要求1中限定了：所述水溶性烯属不饱和单体为选自（甲基）丙烯酸或其碱金属盐、2-（甲基）丙烯酰胺-2-甲基丙磺酸或其碱金属盐、（甲基）丙烯酰胺、N,N-二甲基（甲基）丙烯酰胺、（甲基）丙烯酸2-羟基乙酯、N-羟甲基（甲基）丙烯酰胺、（甲基）丙烯酸二乙基氨基乙酯或其季铵化合物、（甲基）丙烯酸二乙基氨基丙酯或其季铵化合物的至少一种单体。

审查员认为，本申请相对于D1（CN1898270A）的区别特征为：权利要求1使用的是如化学式1所述的氧杂环丁烷化合物进行后交联反应，而D1记载了使用氧杂环丁烷化合物作为交联剂，但没有具体公开如权利要求1化学式1所述结构的氧杂环丁烷化合物。由此可知，权利要求1实际解决的技术问题是如何提高吸水性树脂前体表面附近的交联密度。D2（CN1824708A）公开了一种适合于吸水性树脂的氧杂环丁烷化合物交联剂，该交联剂可作为后交联剂；用量对应于不饱和单体较好为0.005摩尔%~2摩尔%；氧杂环丁烷化合物可用结构式（1）所示；具体包括3-甲基-3-氧杂环丁烷甲醇等具有氧杂环丁烷环的化合物；还包括将该氧杂环丁烷进行酰化、酰胺化而获得的化合物，具有氧杂环丁烷骨架的吸水性树脂用交联剂可用于聚合后的交联及干燥后的交联，能够赋予吸水剂以良好的加压下吸水倍率和吸湿状态下流动性的吸水性树脂用交联剂。D2还记载了X可以为酰胺基的化合物，虽然没有公开可以制备出氧杂环丁烷化合物的磺酰基化物，但根据其所述的氧杂环丁烷化合物发生磺酰化反应得到氧杂环丁烷化合物的磺酰基化物，对于本领域技术人员来说是很容易想到和实现的，且该氧杂环丁烷化合物作为表面交联剂使用时效果与本申请差异不大，因此D2给出了将氧杂环丁烷化合物用作吸水性树脂后交联剂以提高吸水性树脂表面的交联密度的启示，权利要求1不具备专利法第二十二条第三款规定的创造性。

本案在实质审查阶段被驳回，申请人不服驳回决定提起复审，在复审中，申请人未进行权项修改，陈述意见要点如下。

在确定发明实际解决的技术问题时，应客观地分析发明所要求保护的技术方案相对于最接近现有技术所能达到的技术效果，以技术手段达到的技术效果为基础，来确定发明实际解决的技术问题时，不应当带有本发明为解决该技术问题而提出的技术手段，或对该技术手段的指引。

在判断要求保护的发明是否显而易见时，应当对现有技术进行整体考量，其中既包括需要关注所记载的相关技术手段及其在相应技术方案中整体所起的作用，也包括对现有技术中并列存在的多个技术方案及其所达到的技术效果进行整体考量；同时确定相关技术手段在现有技术中所起的作用时，不能仅仅基于现有技术本身的记载来确定，而应当基于本领域技术人员的知识和能力进行综合判断。

结合本案申请书具体字段的内容，可以知道本申请首先要获得的是保水能力好、吸水能力高及水可溶成分少等性能优异的吸水性树脂，而提高交联密度并非量化了并且呈现为真实现象的技术效果，而更应被认为是利用原理或者手段来实现效果的一条技术路径，该表述本身就包含了对技术手段的指引。其次，就交联密度是否提高而言，本申请说明书中并没有对树脂前体表面附近的交联密度进行具体测定，也没有记载任何能够直接体现该交联密度数值范围的性能参数，在说明书中并没有关于交联密度这一技术指标的定性或定量的记载，也就无法得出本申请提高了交联密度的结论，即驳回决定的上述关于实际解决的技术问题的论断是没有依据的。实质上提高了交联密度仅仅是交联剂的固有属性。

尽管氧杂环丁烷本身作为常用交联剂的固有属性，是在一定条件下提高交联密度，但是单纯交联密度的提高并不足以促进吸水性树脂在保水能力、吸水能力和水可溶成分3个方面性能上的总体改善；与之相反，由于上述3个方面性能之间在客观上存在一定程度的关联与矛盾，实际研发中选择适当的交联剂制备吸水性树脂，是为了与其他组分在特定混合比例下综合作用，以便获得这3个方面性能的最优平衡。

与此同时，本申请说明书公开的实验数据证实，由此制备的树脂在维持吸水性树脂的保水能力基本不变的情况下，具有良好的保水吸水能力和较低的水可溶成分含量。因此，不应当将权利要求1实际解决的技术问题认定为该区别特征本身固有的提高交联密度的功能，而是应当基于该区别特征在发明技术方案中通过与其他技术特征之间的相互作用实际带给发明的技术效果，将发明实际解决的技术问题认定为：在维持吸水性树脂的保水能力基本不变的情况下，提高吸水能力并降低其水可溶成分含量。

D2中记载的氧杂环丁烷的结构中包含了大量不同结构的化合物，而且这些化合物又能够衍生出更多不同结构和性能的化合物。但是，无论是D2的实施例具体使用的后交联剂3-甲基-3-氧杂环丁烷甲醇、3-乙基-3-氧杂环丁烷甲醇，还是说明书中记载的酒石酸和3-甲基-3-氧杂环丁烷甲醇的二酯化物或者含有酰胺基的化合物，均是众多后交联剂中并列选择的数种具体化合物，D2中并没有具体公开本申请的氧杂环丁烷化合物磺酰基化物。

此外，根据D2全文记载的信息，本领域技术人员能够确定，其中记载的数量众多的化合物，虽然结构和组成不同，但是当均作为树脂后交联剂并列使用时，其应当均能够获得相当的技术效果。即便将上述化合物中所述的含有羟基、氨基、卤素的氧杂环丁烷进行磺酰化反应得到氧杂环丁烷化合物的磺酰基化物，那么该化合物的后交联效果也应当与其他化合物相似，如与D2中明确记载的，而且实施例中具体实施的"3-甲基-3-氧杂环丁烷甲醇"等化合物的效果相当，即基于D2所公开内容的整体，考察其具体实施的"3-甲基-3-氧杂环丁烷甲醇"化合物与其他可能进行磺酰基化反应得到的氧杂环丁烷化合物的磺酰基化物的关系时，二者作为后交联剂并列使用时所能够获得的技术效果应当是相当的。

但是，D2实施例中具体实施的"3-甲基-3-氧杂环丁烷甲醇"，正是本申请比较例3所采取的后交联剂；而且根据本申请表1的记载，该化合物与本申请的具有磺酰基的化合物相比，其获得的吸水性树脂的荷重下的生理盐水吸收能力较低，而且水可溶成分更多。由此可以确定，结合D2所公开的技术方案整体给出的相应启示来看，本领域技术人员无法获得将权利要求1记载如化学式1所述的具有磺酰基的氧杂环丁烷化合物替换D1中记载的"1,4-丁二醇、（聚）乙二醇二缩水甘油醚"作为后交联剂，甚至是替换D2中记载的其他不具有磺酰基的氧杂环丁烷类化合物作为后交联剂来提高吸水性树脂的荷重下生理盐水吸水能力，以及降低其水可溶成分含量的技术启示。而且，也没有证据表明将权利要求1记载氧杂环丁烷化合物进行后交联反应以提高吸水性树脂的荷重下生理盐水吸水能力，以及降低其水可溶成分含量是本领域惯用的技术手段。

综上所述，本领域技术人员根据D1和D2公开的内容，结合本领域惯用的技术手段，无法获得将权利要求1记载如化学式1所述的具有磺酰基的氧杂环丁烷化合物进行后交联反应以提高吸水性树脂的荷重下生理盐水吸水能力，以及降低其水可溶成分含量的技术启示，无法解决前述技术问题并获得其技术效果。权利要求1的技术方案同时取得了有益的技术效果，因此权利要求1具备突出的实质性特点和显著进步，具备专利法第二十二条第三款规定的创造性。

该案最后获得了授权，参见CN101835814B，授权的权利要求如下：

1.吸水性树脂的制备方法，其特征在于，向聚合水溶性烯属不饱和单体所得的吸水性树脂前体中添加下述通式（1）表示的氧杂环丁烷化合物，加热并进行后交联反应：

$$\underset{O}{\underset{|}{\diamondsuit}}\begin{matrix}R_1 & R_2 \\ & \end{matrix}O-X \quad (1)$$

式中，R_1表示碳原子数1~6的烷基，R_2表示碳原子数1~6的烷二基、X表示磺酰基，所述水溶性烯属不饱和单体为选自（甲基）丙烯酸或其碱金属盐、2-（甲基）丙烯酰胺-2-甲基丙磺酸或其碱金属盐、（甲基）丙烯酰胺、N,N-二甲基（甲基）丙烯酰胺、（甲基）丙烯酸 2-羟基乙酯、N-羟甲基（甲基）丙烯酰胺、（甲基）丙烯酸二乙基氨基乙酯或其季铵化合物、（甲基）丙烯酸二乙基氨基丙酯或其季铵化合物的至少一种单体，其中相对于为了得到吸水性树脂前体而使用的水溶性烯属不饱和单体的总量，所述氧杂环丁烷化合物的添加量为 0.001 摩尔 %~5 摩尔 %。

2. 吸水性树脂，其特征在于：该吸水性树脂由权利要求 1 所述的制备方法所得，生理盐水保水能力为 30 g/g 以上、2.07 kPa 荷重下的生理盐水吸水能力为 28 mL/g 以上、水可溶成分为 20 质量 % 以下。

兵法 22　技术问题不同于 D1

【应对策略】

审查指南第二部分第四章中规定，最接近的现有技术是指现有技术中与要求保护的发明最密切相关的一个技术方案，如可以是，与要求保护的发明技术领域相同，所要解决的技术问题、技术效果或者用途最接近和（或）公开了发明的技术特征最多的现有技术，或者虽然与要求保护的发明技术领域不同，但能够实现发明的功能，并且公开发明的技术特征最多的现有技术，在确定最接近的现有技术时，应首先考虑技术领域相同或相近的现有技术。从这个规定可以看出，选取最接近的现有技术应当从技术领域、技术问题、技术效果、用途及技术特征数量等多方面进行综合考虑。

通常，D1 应当与本申请所要解决的技术问题相同或相似，如果 D1 根本不涉及发明所要解决的技术问题，且为解决不同的技术问题采用了不同、甚至相悖的技术构思，那么，即使 D1 公开了本申请的较多技术特征，本领域技术人员也不存在改进动机，即没有将 D1 朝着本申请技术方案的方向进行改进的动机。在这种情况下，本领域技术人员通常不会关注到 D1，更不会考虑将其作为起点以获得本发明。

专利代理师要在意见陈述中指出 D1 与本申请解决的技术问题不同，本领域技术人员没有动机运用 D1 解决技术问题，更没有动机进行 D1 的改进。进一步地，可以分析本发明的发明构思，以及技术手段和技术效果上与 D1 的差异，以呼应前面分析的所要解决的技术问题。

【案例解析】

申请号为 CN201610258182.1 的专利申请，涉及一种装配式圆钢管桁架相贯节点。原始申请中部分权利要求如下：

1. 一种装配式圆钢管桁架相贯节点，包括圆柱形的主管（1）、套设与主管（1）上的套管、与套管固定连接的支管（2），其特征在于：所述主管（1）的管壁两侧对称设有主连接翼（11），所述套管包括上半圆形套管（3）和下半圆形套管（4），所述上半圆形套管（3）的管壁两侧对称设有上连接翼（33），所述下半圆形套管（4）的管壁两侧对称设有下连接翼（43），所述上连接翼（33）、主连接翼（11）、下连接翼（43）之间通过螺纹连接，所述上半圆形套管（3）与主管（1）的管壁之间设有上容腔，上半圆形套管（3）上设有与上容腔相通的上注浆孔（31）和上出浆孔（32），所述上注浆孔（31）和上出浆孔（32）均设置在上半圆形套管（3）的弧形顶部，下半圆形套管（4）与主管（1）的管壁之间设有下容腔，下半圆形套管（4）上设有与下容腔相通的下注浆孔（41）和下出浆孔（42），所述下注浆孔（41）和下出浆孔（42）均设置在下半圆形套管（4）的弧形顶部，上容腔和下容腔内均填充砂浆（7）。

2. 如权利要求 1 所述的一种装配式圆钢管桁架相贯节点，其特征在于：所述上半圆形套管（3）两侧的端部、下半圆形套管（4）两侧的端部均设有半圆形的凸条（8），所述凸条（8）上设有橡胶密封圈（6），上半圆形套管（3）的内表面、上半圆形套管（3）两侧的橡胶密封圈（6）、主管（1）的外表面形成上容腔，下半圆形套管（4）的内表面、下半圆形套管（4）两侧的橡胶密封圈（6）、主管（1）的外表面形成下容腔。

3. 如权利要求 2 所述的一种装配式圆钢管桁架相贯节点，其特征在于：所述橡胶密封圈（6）上设有卡槽，橡胶密封圈（6）通过卡槽直接卡在凸条（8）上。

4. 如权利要求 3 所述的一种装配式圆钢管桁架相贯节点，其特征在于：所述上连接翼（33）的厚度与上半圆形套管（3）厚度相同，下连接翼（43）的厚度与下半圆形套管（3）厚度相同，所述主连接翼（11）的厚度是橡胶密封圈（6）厚度的 2 倍。

5. 如权利要求 1 所述的一种装配式圆钢管桁架相贯节点，其特征在于：所述上注浆孔（31）、上出浆孔（32）、下注浆孔（41）、下出浆孔（42）的孔洞直径为 8~20 mm，上注浆孔（31）和下注浆孔（41）上均设有注浆嘴，所述注浆嘴是长度为 10 mm 的薄壁圆管。

6. 如权利要求 1 所述的一种装配式圆钢管桁架相贯节点，其特征在于：所述主连接翼（11）与主管（1）之间、所述上连接翼（33）与上半圆形套管（3）之间、下连接翼（43）与下半圆形套管（4）之间均为焊接连接。

……

由于传统钢管桁架主要由一个个焊接相贯节点组成，而焊接节点恰恰是管桁架结构最薄弱部位，当节点部位发生破坏时，可能会导致整个桁架结构的垮塌。同时，焊接管节点的相贯部位通常残留较大的焊接残余应力，较大的焊接残余应力无疑给钢管节点的安全性能雪上加霜。本申请所要解决的技术问题是提供一种承载力高、抗震性能好、无焊接残余应力存在的钢管桁架节点，具体地，装配式圆钢管桁架相贯节点包括圆柱形的主管（1）、套设与主管（1）上的套管、与套管固定连接的支管（2），其特征在于：所述主管（1）的管壁两侧对称设有主连接翼（11），所述套管包括上半圆形套管（3）和下半圆形套管（4），所述上半圆形套管（3）的管壁两侧对称设有上连接翼（33），所述下半圆形套管（4）的管壁两侧对称设有下连接翼（43），所述上连接翼（33）、主连接翼（11）、下连接翼（43）之间通过螺纹连接，所述上半圆形套管（3）与主管（1）的管壁之间设有上容腔，上半圆形套管（3）上设有与上容腔相通的上注浆孔（31）和上出浆孔（32），所述上注浆孔（31）和上出浆孔（32）均设置在上半圆形套管（3）的弧形顶部，下半圆形套管（4）与主管（1）的管壁之间设有下容腔，下半圆形套管（4）上设有与下容腔相通的下注浆孔（41）和下出浆孔（42），所述下注浆孔（41）和下出浆孔（42）均设置在下半圆形套管（4）的弧形顶部，上容腔和下容腔内均填充砂浆（7）。如图 1 和图 2 所示。

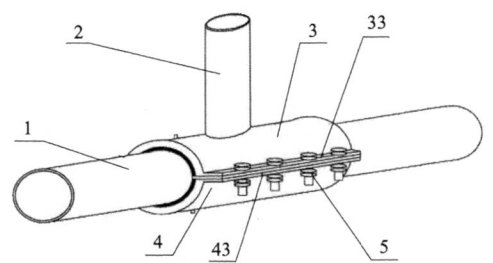

图 1 本申请圆钢管桁架相贯节点整体结构示意图

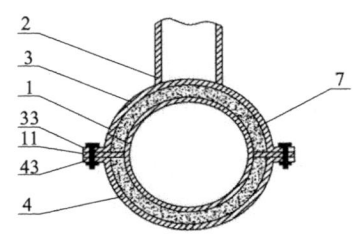

图 2 本申请的装置径向结构剖视图

审查员找到的 D1（CN103758215A）公开了一种防止桁架结构发生连续性倒塌的可滑动摩擦型连接节点，其所要解决的技术问题是在桁架遭受局部初始破坏的情况下，重新构造适于抵抗连续性倒塌的桁架几何结构，有效平衡局部初始破坏产生的不平衡，防止破坏在结构内扩展成连续性倒塌。为了解决该技术问题，D1公开了一种防止桁架结构发生连续性倒塌的可滑动摩擦型连接节点，参考图3，包括弦杆（1）、弦杆上部连接件（3）、弦杆下部连接件（4）、腹杆（2）、高强螺栓（5）、腹杆连接件（6）、销轴及栓钉（7）。可见，D1与本申请的相同点是均采用了装配式节点，通过螺栓将连接翼连接在一起，不同点在于本申请的主管上也设置连接翼，最终还要在形成的空腔内填充砂浆。

基于区别特征，本申请现对于D1实际解决的技术问题为：如何使套管与主管连接更加紧固、稳定。D2（CN101956388A）公开了一种灌浆固定海洋平台立管的新型卡子装置，参考图4，包括一端与立管卡箍（1）连接的支撑钢管（2），所述支撑钢管（2）的另一端连接有定位卡箍（3），所述定位卡箍（3）是由两个半圆形钢板对扣构成，所述半圆形钢板的每一个侧边都设置有螺栓孔，其中一侧边的螺栓孔是通过直轴钢销（4）进行活动连接，即开启或闭合时，直轴钢销（4）起到转轴的作用；所述另一侧边的螺栓孔用于扣合后将锁紧螺栓（11）插入其孔中；本发明为了增加半圆形钢板侧边连接的强度，在所述螺栓孔之间设置有三角形加强筋板（5），为了实施灌装，在所述半圆形钢板的外壁上设置有灌浆孔（7）和返浆孔（6）。可见，上述技术特征在D2中的作用与本申请所要解决的技术问题相同，D2给出了将上述特征运用到D1的启示，在此基础上，为了使容腔内的砂浆填充均匀，本领域技术人员容易想到将容腔分区，具体的主连接翼设计及注浆孔的设置是本领域常规技术手段，在D1、D2结合本领域公知常识的基础上，认为权利要求1没有创造性。

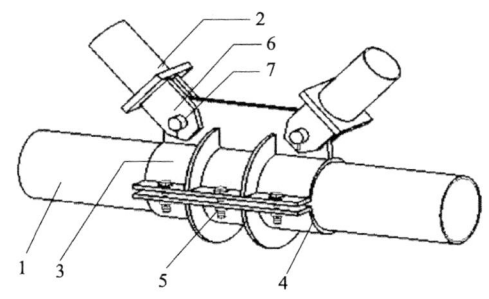 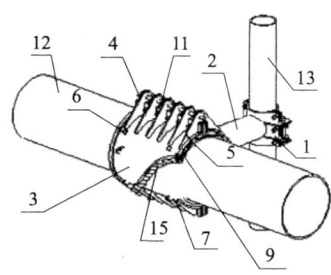

图3　D1结构示意图　　　　图4　D2结构示意图

专利代理师认为，首先，本申请与 D1 解决的技术问题和出发点完全不同。本申请提供的是一种具有较好的抗疲劳、抗冲击性能的桁架节点结构，其采用高强度螺栓装配式的方法，相对于传统的焊接连接方式，能够有效地减少焊接应力的产生。而 D1 的目的是在桁架遭受局部初始破坏的情况下，重新构造适于抵抗连续性倒塌的桁架几何构形，有效地平衡局部初始破坏产生的极大不平衡力，防止破坏在结构内扩展造成连续性倒塌。

其次，本申请与 D1 的技术手段不同。本申请主要采用的技术方案是主管外部设置套管，主管和套管之间通过设置的相应连接翼固定连接，并且在主管和套管之间填充砂浆，只有同时满足这两个技术特征才能确保节点不会发生相对位移，进而提高圆钢管桁架相贯节点结构的稳定性、承载力和抗震、抗疲劳、抗冲击性能。而 D1 虽然采用了与本申请极为相似的结构，即弦杆上部连接件和弦杆下部连接件通过螺栓连接的技术方案，但其仅仅通过夹持的方式固定内部的弦杆，弦杆上部连接件、弦杆下部连接件和弦杆之间并没有通过螺栓实现完全紧固接连，因为 D1 的技术方案中当桁架承受常规载荷时，螺栓预紧力产生的摩擦力将阻止节点沿弦杆向任意一侧滑动的可能，而当桁架结构的局部发生初始破坏时，若节点处出现了超过静摩擦力的极大不平衡力，节点将沿着弦杆向有利于不平衡重新分布的一侧滑动，正是通过这一原理才能够避免桁架的连续性倒塌。也就是说，本申请的"套管"和"主管"之间是紧固固定的关系，而 D1 中的"套管"和"主管"之间其本质是活动连接关系。

在此基础上，专利代理师进一步分析，如果本领域技术人员尝试改变 D1 并将 D1 与 D2 结合，显然违背了 D1 的初衷，因为 D2 公开了设置密封环形空间并灌浆这一技术特征，当水泥凝固后，可以使定位卡箍与导管架钢管之间永久固定，如果将该技术特征运用到 D1，会使得 D1 的弦杆和弦杆上部连接件、弦杆下部连接件之间永久固定，那么在桁架发生破坏时，节点并不可能沿着弦杆进行滑动从而避免连续性倒塌，这完全违背了 D1 的设计初衷。因此，D1 给出的是仅将主管和套管活动连接，二者之间不填充砂浆的相反技术教导，虽然技术上在 D1 的基础上填充砂浆是能够实现的，但是本领域技术人员在 D1 的基础上没有动机朝着此方向进行改进，因此本领域技术人员通常不会关注 D1，更不会考虑将其作为改进起点以获得本申请的技术方案。

由此，专利代理师否定了审查意见中基于 D1、D2 的结合进行创造性评价的内容，该案最终获得了授权，授权文本参见 CN105756190B，在授权文本中，权利要求 1 如下：

1. 一种装配式圆钢管桁架相贯节点，包括圆柱形的主管（1）、套设于主管（1）上的套管、与套管固定连接的支管（2），其特征在于：所述主管（1）的管壁两侧对称设有主连接翼（11），所述套管包括上半圆形套管（3）和下半圆形套管（4），所述上半圆形套管（3）的管壁两侧对称设有上连接翼（33），所述下半圆形套管（4）的管壁两侧对称设有下连接翼（43），所述上连接翼（33）、主连接翼（11）、下连接翼（43）之间通过螺纹连接，所述上半圆形套管（3）与主管（1）的管壁之间设有上容腔，上半圆形套管（3）上设有与上容腔相通的上注浆孔（31）和上出浆孔（32），所述上注浆孔（31）和上出浆孔（32）均设置在上半圆形套管（3）的弧形顶部，下半圆形套管（4）与主管（1）的管壁之间设有下容腔，下半圆形套管（4）上设有与下容腔相通的下注浆孔（41）和下出浆孔（42），所述下注浆孔（41）和下出浆孔（42）均设置在下半圆形套管（4）的弧形顶部，上容腔和下容腔内均填充砂浆（7），<u>所述上注浆孔（31）、上出浆孔（32）、下注浆孔（41）、下出浆孔（42）的孔洞直径为 8~20 mm，上注浆孔（31）和下注浆孔（41）上均设有注浆嘴，所述注浆嘴是长度为 10 mm 的薄壁圆管，所述主连接翼（11）与主管（1）之间、所述上连接翼（33）与上半圆形套管（3）之间、下连接翼（43）与下半圆形套管（4）之间均为焊接连接。</u>

兵法 23　D1 不存在该技术问题

【应对策略】

根据本申请相对于 D1 的区别特征，确定本发明实际解决的技术问题，此时如果 D1 的方案已经解决了该重新确定的技术问题，现有技术也没有给出需要获得"更好"效果的启示，那么本领域技术人员没有改进 D1 的动机，就不会想到要将 D1 与其他技术特征相结合。

专利代理师可以在意见陈述中分析，D1 针对审查意见中提出的本发明实际解决的技术问题，是如何解决的，通常，这种解决思路不同于本发明，即本发明采用完全不同的思路解决了该重新确定的技术问题。进一步地，由于 D1 采用的方案已经解决了该重新确定的技术问题，本领域技术人员没有动机将 D1 与现有技术中的方案进行结合，获得本申请的技术方案是非显而易见的。

【案例解析】

申请号为 CN201810977599.2 的专利申请，涉及一种果酒开瓶后的保鲜方法，原始申请中首项权利要求为：

1. 一种果酒开瓶后的保鲜方法，其特征在于，该保鲜方法包括将开瓶之后的果酒置于密闭环境中，之后采用波长为 100~380 nm 且功率为 0.1~1 W 的紫外灯进行多次照射，照射频率为 2~40 次/日，照射时长为 10 s~30 min/次。

通过上述方法，本发明能够较大限度地保留酒的营养物质与最佳风味口感，有效抑制酒体表面好氧微生物（醋酸菌、乳酸菌）的滋生，减缓酒的酸化、醋化和褐变，将开瓶后保鲜期有效延长至 14~30 天，口感能够得以保持甚至变得更好。

在实质审查中，审查员找到 CN202784304U 作为 D1，其涉及一种家用葡萄酒保存容器，包括一个带瓶塞的酒瓶，所述酒瓶的外壁上卡的压缩氮气罐，所述压缩氮气罐的罐口安装有喷射扳机，所述喷射扳机上连接有出气管，所述出气管的另一端穿过瓶塞与伸入酒瓶内的入气管相连；所述的瓶塞设有排气开关；所述的酒瓶接近底处安装有出酒龙头。该容器可以排出酒瓶内的空气，实现对开瓶后的葡萄酒与空气相互隔离的良好保存效果。

审查员认为，本发明与 D1 的区别在于，保鲜方式不同，因此，权利要求 1 实际解决的技术问题是提供一种替代的开瓶果酒的保鲜方法。

在此基础上，审查员找到 CN207581778U 作为 D2，认为后者公开了果酒储藏室内设置紫外线杀菌灯，从而本发明相对于 D1 与 D2 的结合没有创造性。

专利代理师未进行权利要求的修改，并在意见陈述中指出，D1 针对审查意见中提出的本发明实际解决的技术问题：如何保鲜开瓶的果酒，采用结构设计将氮气压缩瓶与酒瓶结合，利用了氮气隔绝空气的方式，这种解决思路不同于本发明，即本发明采用完全不同的紫外辐射思路解决了该重新确定的技术问题。

进一步地，由于 D1 采用的方案已经解决了该重新确定的技术问题，本领域技术人员没有动机将 D1 与现有技术中的方案进行结合，即不存在解决果酒保鲜的问题。

因此，本领域技术人员在D1基础上结合现有技术获得本申请的技术方案是非显而易见的。

该案最后获得授权，授权文本参见CN108929838B，在授权文本中，权利要求1如下：

1.一种果酒开瓶后的保鲜方法，其特征在于，该保鲜方法包括将开瓶之后的果酒置于密闭环境中，之后采用波长为100~380 nm且功率为0.1~1 W的紫外灯进行多次照射，照射频率为2~40次/日，照射时长为10 s~30 min/次。

兵法24　技术问题来源于D2

【应对策略】

三步法进行创造性评价时，要根据区别特征在要求保护的发明中所能达到的技术效果，来确定发明实际解决的技术问题，区别特征是跟D1相比，技术效果是来源于本发明的记载，技术问题从来都跟D2没有关系。可是，在审查意见中，却常见于根据D2来确定技术问题。

这是因为，审查员在寻找合适的对比文件时，可能需要将D1与D2进行结合，而结合的重要依据便是：D2给出了解决技术问题的启示，如果技术问题来源于D2，那么，D2自然解决了该技术问题，结合启示顺理成章，从而得出本申请相对于D1与D2的结合没有创造性。

在审查意见中，来源于D2的技术问题A往往经过微调和修饰，从而使其好像能够对应于区别特征，也好像符合D2的记载，但是当专利代理师认真核对区别特征，以及区别特征在本申请中的技术效果，就能发现真实的技术问题B，进一步地，D2没有给出解决技术问题B的启示，本领域技术人员没有动机进行D1与D2的结合，通过D1与D2结合获得本申请是非显而易见的。

【案例解析】

申请号为CN201910306395.0的专利申请，涉及一种铝硅酸盐玻璃，原始申请文件中的部分权利要求如下：

1.一种铝硅酸盐玻璃，其特征在于，以氧化物为基准，按照摩尔百分比，包括以下组分：

SiO_2，62 mol%~72 mol%；Al_2O_3，8.5 mol%~15 mol%；B_2O_3，0.01 mol%~3 mol%；P_2O_5，0.03 mol%~2.3 mol%；Na_2O，10 mol%~15 mol%；K_2O，0.2 mol%~2.1 mol%；MgO，2 mol%~10 mol%；ZrO_2，0.03 mol%~2.25 mol%；其中，

$3.2 < (SiO_2+Al_2O_3+B_2O_3+P_2O_5)/(MgO+ZrO_2+Na_2O+K_2O) < 5.6$；$1.2 < (Al_2O_3+B_2O_3+P_2O_5)/(MgO+ZrO_2) < 3.9$；$0.58 < (Al_2O_3-B_2O_3+P_2O_5)/(Na_2O-K_2O) < 1.35$；

以及 $15 < \alpha$；其中，

$\alpha = 0.48 \times 0.35 \times SiO_2 + 0.6 \times 0.83 \times Al_2O_3 + 0.4 \times 1.25 \times B_2O_3 + 0.8 \times 1.18 \times P_2O_5 + 0.78 \times 0.92 \times MgO + 0.86 \times 1.13 \times ZrO_2 + 1.15 \times 0.5 \times Na_2O - 1.4 \times 0.9 \times K_2O - 24.9 \times \beta\text{-OH}$，β-OH 的含量为 0.01~0.5/mm。

2. 如权利要求 1 所述的铝硅酸盐玻璃，其特征在于，所述 β-OH 的含量为 0.2~0.4/mm。

3. 如权利要求 1 所述的铝硅酸盐玻璃，其特征在于，所述铝硅酸盐玻璃的厚度为 0.1~2 mm。

4. 如权利要求 1 所述的铝硅酸盐玻璃，其特征在于，所述铝硅酸盐玻璃的黏度达到 200 泊时的温度低于 1650 ℃。

5. 如权利要求 1 所述的铝硅酸盐玻璃，其特征在于，所述铝硅酸盐玻璃的析晶温度低于 1090 ℃。

6. 如权利要求 1 所述的铝硅酸盐玻璃，其特征在于，所述铝硅酸盐玻璃的膨胀系数为 $(78~94) \times 10^{-7}/℃$。

7. 如权利要求 1 所述的铝硅酸盐玻璃，其特征在于，所述铝硅酸盐玻璃的应变点为 580~660 ℃。

8. 如权利要求 1 所述的铝硅酸盐玻璃，其特征在于，所述铝硅酸盐玻璃的熔盐抗劣化指数 M 值大于 0.8；其中，熔盐抗劣化指数 $M = CS2/CS1$，CS1 为在熔盐为 100% 的 KNO_3、强化温度为 420 ℃、强化时间为 4 h 的强化条件下的应力强度；CS2 为在熔盐为 8% 的 $NaNO_3$+92% 的 KNO_3、强化温度为 420 ℃、强化时间为 4 h 的强化条件下的应力强度。

……

上述技术方案可以保证铝硅酸盐玻璃在化学强化后得到所需的应力强度和应力深度的情况下，减少熔盐与玻璃的离子交换频率，降低熔盐中钠离子

浓度,从而提高熔盐使用寿命长,使熔盐不容易劣化。

在审查意见通知书中,审查员认为,相对于D1(CN108623151A),权利要求1的区别在于:$15 < \alpha$;其中,

$\alpha = 0.48 \times 0.35 \times SiO_2 + 0.6 \times 0.83 \times Al_2O_3 + 0.4 \times 1.25 \times B_2O_3 + 0.8 \times 1.18 \times P_2O_5 + 0.78 \times 0.92 \times MgO + 0.86 \times 1.13 \times ZrO_2 + 1.15 \times 0.5 \times Na_2O - 1.4 \times 0.9 \times K_2O - 24.9 \times \beta\text{-OH}$,$\beta$-OH的含量为0.01~0.5/mm;基于上述区别特征,权利要求1实际所要解决的技术问题是:提高离子交换后的玻璃强度。在此基础上,审查员找到了一篇D2(CN102015566A),其公开了玻璃中的水分量,以及β-OH值对压缩应力层的压缩应力值和厚度的影响,如果将该值限定在预定范围内,则能够在维持耐失透性的基础上提高离子交换性能,并公开了β-OH值为0.01~0.5/mm。在D2的启示下,本领域技术人员有动机调整玻璃中的β-OH值为0.01~0.5/mm,通过计算得到$15 < \alpha$也是显而易见。因此,权利要求1相对于D1与D2的结合没有创造性。

专利代理师认为,审查员在确定"本申请实际解决的技术问题"时,并没有按照三步法的要求进行确定,即其不是根据该区别特征在本申请中所起的作用确定的"本申请实际解决的技术问题",而是根据该区别特征在D2中的作用确定的"本申请实际解决的技术问题"。由于D2的该技术手段必然是起到该作用,如此确定实际解决的技术问题变得形同虚设,毫无意义。而根据上述区别特征所能达到的技术效果,可以确定本申请权利要求1的技术方案实际解决的技术问题是:如何使该铝硅酸盐玻璃在化学强化后应力强度大,强化深度深,同时熔盐使用寿命长,熔盐不容易劣化。

专利代理师进一步分析,D2没有给出采用β-OH值为0.01~0.5/mm使得熔盐使用寿命长,熔盐不容易劣化的技术启示。由此,否定了审查员的创造性审查结论,该案最后获得授权,授权文本参见CN110028240B,在授权文本中,权利要求1如下:

1. 一种铝硅酸盐玻璃,其特征在于,以氧化物为基准,按照摩尔百分比,包括以下组分:

SiO_2,62 mol%~72 mol%;Al_2O_3,8.5 mol%~<u>9.38 mol%</u>;B_2O_3,<u>1.33 mol%</u>~3 mol%;P_2O_5,<u>0.75 mol%</u>~2.3 mol%;Na_2O,<u>13.4 mol%</u>~15 mol%;K_2O,0.2 mol%~2.1 mol%;MgO,2 mol%~10 mol%;ZrO_2,0.03 mol%~

2.25 mol%；其中，

3.2 ＜（$SiO_2+Al_2O_3+B_2O_3+P_2O_5$）/（$MgO+ZrO_2+Na_2O+K_2O$）＜ 5.6；1.2 ＜（$Al_2O_3+B_2O_3+P_2O_5$）/（$MgO+ZrO_2$）＜ 3.9；0.58 ＜（$Al_2O_3-B_2O_3+P_2O_5$）/（$Na_2O-K_2O$）＜ 1.35；

以及 15 ＜ α；其中，

α = 0.48 × 0.35 × SiO_2+ 0.6 × 0.83 × Al_2O_3+ 0.4 × 1.25 × B_2O_3+ 0.8 × 1.18 × P_2O_5+ 0.78 × 0.92 × MgO+ 0.86 × 1.13 × ZrO_2+ 1.15 × 0.5 × Na_2O- 1.4 × 0.9 × K_2O- 24.9 × β-OH，β-OH 的含量为 0.01~<u>0.35/mm</u>；<u>所述铝硅酸盐玻璃的熔盐抗劣化指数 M 值大于 0.8；其中，熔盐抗劣化指数 M=CS2/CS1，CS1 为在熔盐为 100% 的 KNO_3、强化温度为 420 ℃、强化时间为 4 h 的强化条件下的应力强度；CS2 为在熔盐为 8% 的 $NaNO_3$+92% 的 KNO_3、强化温度为 420 ℃、强化时间为 4 h 的强化条件下的应力强度。</u>

兵法 25 技术问题选择性忽略

【应对策略】

在确定本申请实际解决的技术问题时，要根据区别特征在本申请中的技术效果。技术效果可能对应着多个技术特征，例如，为了实现"有效散热"的技术效果，可以利用散热片自然散热、风扇散热、冷却水散热等方式；为了实现"提高强度"的技术效果，可以采用加强肋、改变材质、加厚、加装固定件等方式。同理，在大多数情况下，权利要求的部分技术特征会产生多个技术效果，例如，汽车玻璃加膜既可以增加玻璃强度而防止玻璃飞碎，又可以增加私密性并实现防晒的功能，即一个技术特征可能对应着多个技术效果。这时每一个技术效果都应该在考虑范围内，纳入重新确定技术问题的过程中。

由于技术特征与技术效果并非一一对应的关系，当存在一对多时，专利代理师要警惕审查意见中选择性忽略某些技术效果，这将导致重新确定的技术问题被简化，偏离本申请创新的全貌。

当发现区别特征的某些技术效果被忽略，专利代理师要在意见陈述中突出这些技术效果，并给出原申请中记载的依据。进一步地，根据新的技术效果确定合适的技术问题，此时新增的问题部分往往没有在 D2 中得到解决，因此，本领域技术人员根据D1与D2的结合依然不能解决该重新确定的技术问题，得到本申请的方案是非显而易见的。

【案例解析】

申请号为CN201910597191.7的专利申请，涉及一种环保剥膜液，其组分以质量百分比计为：复合碱35%~45%，聚醚表面活性剂3%~5%，水50%~62%；其中，所述复合碱的主要成分包括$Ca(OH)_2$、活性白泥、硅藻土和活性炭；所述聚醚表面活性剂为脂肪醇聚氧乙烯醚。

该环保剥膜液进行剥膜处理时，剥膜速率达到3.4 m/min以上，无剥膜不净现象，且剥膜处理后产生的废液COD仅为5270~5315 mg/L；因此，相对于现有的剥膜液（NaOH溶液），利用本申请提供的环保剥膜液进行剥膜处理不仅能够提高剥膜处理的效果，且能极大地节水减排，可以节水减排90%以上，在节水减排上做出了较大的社会贡献；同时，处理后得到的废液具有较低的化学需氧量，降低了废液的处理成本。

在审查意见通知书中，审查员认为相对于所提供的D1（CN1427072A），权利要求1的区别在于：复合碱的种类不同；各组分的含量有差异。基于上述区别特征确定权利要求1实际解决的技术问题是：降低剥膜液处理废液的COD值。在此基础上，审查员引入D2（CN107352632A），认为D2给出了添加复合碱可以起到降低废液COD值的技术启示。

专利代理师认为，依据本申请说明书的记载：本申请实施例提出的一种环保剥膜液及其制备方法，所述环保剥膜液的组分以质量百分比计，包括：复合碱35%~45%，聚醚表面活性剂3%~5%，水50%~62%。利用本申请实施例提供的环保剥膜液进行剥膜处理时，剥膜速率达到3.4 m/min以上，无剥膜不净现象，且剥膜处理后产生的废液COD仅为5270~5315 mg/L；因此，相对于现有的剥膜液（NaOH溶液），利用本申请提供的环保剥膜液进行剥膜处理不仅能够提高剥膜处理的效果，且能极大地节水减排，可以节水减排90%以上，在节水减排上做出了较大的社会贡献；同时，处理后得到的废液具有较低的化学需氧量，降低了废液的处理成本。基于上述分析，根据上述区别特征所能达到的技术效果，可以确定本申请权利要求1的技术方案实际解决的技术问题不仅在于降低剥膜液处理废液的COD值，同时还在于剥膜液剥膜速率快，无剥膜不净现象。

专利代理师进一步分析，即使认为D2给出了添加复合碱可以降低剥膜液处理废液的COD值的技术启示，但D2未涉及剥膜液的剥膜速率和剥膜是否干净，也没有给出剥膜液处理废液的 COD 值与剥膜速率和剥膜是否干净之间的关系。当本领域技术人员出于降低剥膜液处理废液的 COD 值的目的，在 D1 基础上，添加复合碱时，由于剥膜液处理废液的 COD 值与剥膜速率和剥膜是否干净之间并无直接关联，因此，本领域技术人员不能预期加入 D2 中的复合碱，可以降低剥膜液处理废液的 COD 值，同时还能使得剥膜液剥膜速率快，无剥膜不净现象。也没有证据表明加入复合碱属于本领域的公知常识。加入复合碱使得剥膜液剥膜速度快，无剥膜不净现象，属于本领域技术人员基于现有技术难以预料到的技术效果。因此，D2 没有给出采用复合碱可以降低剥膜液处理废液的 COD 值，同时还在于剥膜液剥膜速率快，无剥膜不净现象的技术启示，本领域技术人员在面临上述的技术问题时，没有动机将 D2 和 D1 进行结合以实现剥膜速率快、无剥膜不净，本申请的技术方案相对于 D1 与 D2 的结合是非显而易见的。

通过上述说理，该案最终获得授权，授权文本参见 CN110331048B，在授权文本中，权利要求 1 如下：

1. 一种环保剥膜液，<u>用于印刷电路板制备过程中蚀刻后的抗蚀刻膜的去除</u>，其特征在于，所述环保剥膜液的组分以质量百分比计为：复合碱 35%~45%，聚醚表面活性剂 3%~5%，水 50%~62%；其中，所述复合碱的主要成分包括 Ca（OH）$_2$、活性白泥、硅藻土和活性炭；所述聚醚表面活性剂为脂肪醇聚氧乙烯醚。

兵法 26　定义多个技术问题

【应对策略】

基于本申请与 D1 的区别特征，确定本申请实际解决的技术问题通常是一个技术问题，特殊情况下，由于区别特征较多，可能存在 2 个技术问题。当审查意见中出现 3 个及以上的技术问题，或者区别特征为相关联的一个技术单元，却提出了 2 个技术问题，专利代理师要警惕这种过度拆分技术问题的情况。

目前，针对发明具有多个区别特征时，是应该定义一个技术问题，还是定义多个技术问题，审查指南中没有操作标准。根据《欧洲专利局审查指南》，在评价创造性时建议采用"问题—解决方案的方式（problem-andsolution approach)",其中的第二步也需要以最接近的现有技术为基础建立一个有待解决的"客观技术问题"。具体地,《欧洲专利局审查指南》第 G 部分第Ⅶ章第 5.2 节就"制定客观的技术问题"有如下描述:有时,客观的技术问题可以是多个"部分问题"的集合,其条件是:所有的区别特征组合起来无法实现共同的技术效果,相反,不同组的区别特征独立地解决了不同的部分技术问题。还有一种情况,当因为缺乏单一性导致技术问题的不同方面分别适用于不同实施方案,而在该权利要求所限定的不同实施方案之间出现概念不一致的情况下,这可能需要制定相应的多个部分技术问题,进而必须分别评价各个方案的创造性。

也就是说,如果发明具有多个区别特征且审查员分别针对各组区别特征制定了不同的部分技术问题,那么表明这些区别特征无法组合起来解决相同的技术问题,实现共同的技术效果;或者这些区别特征针对的不同实施方案缺乏单一性。简言之,只有当权利要求所限定的技术方案是多个方案的组合时,才需要分别针对各个方案制定各自的部分技术问题。在这种情况下,仍然是要评价各个(独立的)方案整体的创造性。

而在实际审查中,常见应该适用一个技术问题的方案,被定义出多个技术问题,实质上,这种方式是将技术特征进行了过度拆分。在极端情况下,将区别特征逐一拆开,分别对应一个技术问题,这样将很容易在现有技术中分散地找到这样的特征 a、特征 b、特征 c……而要在一篇现有技术中找到特征 a+ 特征 b+ 特征 c 就难得多。审查员通过定义多个技术问题,将区别特征分散,看似降低了寻找对比文件的难度,实际上埋下一个重要隐患:多篇对比文件进行结合式的评价,很容易出现结合性差的情况,即多篇对比文件彼此间不兼容。

因此,专利代理师可以论述区别特征不应被拆分的观点,并提炼一个合适的技术问题;另外,也可以将多篇对比文件进行结合存在结合障碍作为突破口,在意见陈述中分析对比文件之间相矛盾的教导内容,这些内容将导致本领域技术人员无法实现多篇的结合。

作为替补思路,如果前述角度说服力不够,可以尝试分析区别特征之间的联系,对区别特征进行重现分组划定,并基于本申请从整体性视角归纳一个合适的技术问题,进而分析结合启示是否成立,参见兵法 16、17 和 18。

【案例解析】

申请号为 CN201080025463.3 的专利申请，涉及一种装置（100），原始申请中的权利要求 1 如下：

一种装置（100），其包括：

成像部件（102），其用于采集医学图像；

存储部件（104），其用于将所述医学图像存储在堆栈（116）中，所述堆栈具有起始部分和末端部分；

分类部件（108），其用于利用所述图像的机器定义的元信息来对所述堆栈中的所述医学图像进行分类；以及

接口（112），其用于读取经排序的堆栈。

如图 1 所示：还包括用户接口（106），该用户接口用于输入涉及所述图像的所述机器定义的元信息的用户元信息。

质量确定部件（110），该质量确定部件用于确定所述图像的质量，其中，当图像的质量低于阈值时，所述质量确定部件适于发送第一信号到所述分类部件以将该图像存储在所述堆栈的所述末端部分上，并且所述质量确定部件适于发送第二信号到所述成像部件以重新采集该图像。

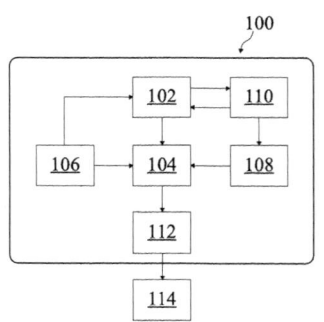

图 1　本申请专利附图

在第一次审查意见中，审查员引用 US 2008/0117230A1 作为 D1，其公开了一种挂片协议显示系统，该系统具有医疗器械 13，可以用来生成医疗图像［具有成像部件（102），其用于采集医学图像］；具有图像服务器 15，用来储存来自医疗器械 13 的医疗图像［具有存储部件（104）］；医学图像数据可以从图像服务器中读取（具有接口 112），从 D1 的附图 2 中还可以看出，具有用户工作站 19（具有用户接口 106）。

可见，权利要求 1 与 D1 的区别特征是：①分类部件（108），其用于利

用所述图像的机器定义的元信息来对所述堆栈中的所述医学图像进行分类；②存储部件（104）使用的是具有起始部分和末端部分的堆栈，且该堆栈可以进行排序并被接口112读取；③用户接口106用于输入涉及所述图像的所述机器定义的元信息的用户元信息。其实际解决的技术问题是：①便于图像分类；②便于用户的阅读浏览；③实现人机交互。

对于区别特征①，D2（CN1934589A）公开了一种为医学成像提供自动决策支持的系统，具有分类器，用于对医学图像数据集分类，分类器可以使用用于标记的重叠、分隔、颜色或亮度变化等机器定义的元信息进行数据处理。可见，D2公开了该区别特征，且二者作用相同，本领域技术人员有动机进行D1与D2的结合。

对于区别特征②和③，皆属于本领域公知常识。因此，在D1的基础上，结合D2及本领域公知常识，得到本申请权利要求1的方案是显而易见的，权利要求1不具有创造性。

专利代理师指出：

第一，根据本申请的说明书，分类部件能够对图像进行排序从而保留临床逻辑顺序。有利的是改变所存储的图像的顺序，因为当图像被以临床逻辑顺序发送到PACS时，不需要特殊的软件来以临床逻辑顺序观察来自PACS的图像。用户接口允许用户在用户元信息中定义特定扫描对诊断学是最重要的。然后，这一用户定义的元信息涉及图像的机器定义的元信息并且将这一特定扫描定义为对诊断是最重要的。这是有利的，因为用户能够将至少一个图像组定义为比至少另一个图像组更重要，因而，打开数据的医生直接看到最重要的图像组，而不是首先采集的概览图像。也就是说，权利要求1的上述区别特征连同技术特征：成像部件，一起实现了如下目的：将具有低图像质量或者与医学诊断相关性较低的概览图像、参考图像和其他图像移动到与医学诊断相关性较高的图像之后，以便当医生打开文件时首先显示相关性高的图像。

简言之，权利要求1的所有技术特征相互关联、相互作用，共同实现了对所存储图像的排序。因此，所有的区别特征组合起来实现了共同的技术效果，解决了同一技术问题；而不是像审查员所认为的那样，区别特征①~③分别解决了3个不同的技术问题：①便于图像分类；②便于用户的阅读浏览；③实现人机交互。相应地，针对实现了共同技术效果的相互关联的区别特征①~③分别设立3个不同的技术问题是不合理的。相反，考虑到所有区别特征在整个技术方案中的技术效果，发明实际要解决的技术问题可以是如何提高医学诊断效率。

第二，审查意见中没有考虑区别特征在整个发明中与其他技术特征之间的相互作用，就容易将技术问题局限于区别特征本身固有的功能或效果，进而容易对发明的创造性估计偏低。例如，审查员认可的区别特征①为权利要求1中的分类部件"其利用所述医学图像的机器定义的元信息来对所述堆栈中的所述医学图像进行分类"。由于所述分类部件本身固有的功能就是图像分类，因此审查员针对该区别特征定义的第1个技术问题为"便于图像分类"。这样做忽视了为什么要对堆栈中的医学图像进行分类的进一步考量。

审查员针对区别特征③——权利要求1中的用户接口，定义的第3个技术问题为"实现人机交互"。后续审查员针对区别特征③的创造性评述为："在用户接口提供输入手段以实现人机交互是本领域技术人员的常用手段，从而具体地输入涉及所述图像的所述机器定义的元信息的用户元信息，也是本领域技术人员的常用技术手段，属于本领域的公知常识"。因而，当审查员局限于某一区别特征本身固有的功能来设立部分技术问题，并单独评价该区别特征自身是否具备创造性时，难免成为"事后诸葛亮"，同时明显背离了技术方案的整体评价原则。

该案最后获得授权，授权文本参见CN 102460444B，授权文本中的权利要求1如下：

1. 一种用于对医学图像进行排序的装置（100），其包括：一成像部件（102），其用于采集医学图像；一存储部件（104），其用于将所述医学图像存储在堆栈（116）中，所述堆栈具有起始部分和末端部分；<u>一排序部件（108），其用于利用所述图像的机器定义的元信息来对所述堆栈中的所述医学图像进行排序</u>；以及一接口（112），其用于读取经排序的堆栈，其特征在于：<u>所述装置（100）包括用户接口（106），该用户接口用于输入涉及所述图像的所述机器定义的元信息的用户元信息，其中，所述排序部件（108）被进一步配置成基于所述用户元信息和所述机器定义的元信息对所述医学图像进行排序，其中，所述用户元信息定义了第一图像组对于诊断来说比第二图像组更重要，并且其中，所述排序部件被进一步配置成至少基于所述用户元信息对所述第一图像组和所述第二图像组进行排序，使得所述第一图像组被存储在所述堆栈中位于所述第二图像组之前。</u>

兵法 27　没有确定技术问题

【应对策略】

在审查意见通知书中，审查员没有根据区别特征确定权利要求实际要解决的技术问题，而是在找出区别特征后直接进行区别特征是否显而易见的判断，这样有违三步法评价要求。

根据审查指南的规定，是否显而易见的判断，是判断现有技术中是否给出将区别特征应用到该最接近的现有技术中，以解决其存在的技术问题的启示，可见，将区别特征与最接近的现有技术进行结合，是在"解决技术问题"这一指导之下完成的，没有技术问题的指引，就只剩下单一的特征之间的比较，这将对本申请极为不利。

此时，专利代理师要主动分析区别特征在本申请中的作用，并给出本发明实际解决的技术问题。进一步地，结合案情分析对比文件没有给出解决该重新确定的技术问题的启示，从而得出本申请的方案相对于D1与现有技术的结合是非显而易见的。

【案例解析】：

申请号为CN 202011012753.6的专利申请，公开了一种发声装置的复合振膜的制备方法，原始申请中，部分权利要求如下：

1. 一种发声装置的复合振膜的制备方法，其特征在于，所述复合振膜包括至少一层热塑性弹性体层和至少一层热固性聚氨酯橡胶层；所述复合振膜的制备方法包括如下步骤：提供橡胶层，其中，所述橡胶层的制备方法为：采用聚氨酯橡胶通过成膜工艺制成膜体，所述膜体为未交联的聚氨酯橡胶层或半交联的聚氨酯橡胶层；将所述橡胶层与热塑性弹性体层贴合，形成复合膜；对所述复合膜进行成型处理形成振膜，且在所述成型处理中使所述未交联的聚氨酯橡胶层或半交联的聚氨酯橡胶层发生交联反应形成热固性聚氨酯橡胶层。

2. 如权利要求1所述的发声装置的复合振膜的制备方法，其特征在于，所述橡胶层的制备方法为：采用聚氨酯橡胶通过涂布工艺制成膜体，将所述膜体进行低温干燥形成未交联的聚氨酯橡胶层或半交联的聚氨酯橡胶层；或者，采用聚氨酯橡胶通过压延工艺制成膜体，所述膜体为未交联的聚氨酯橡胶层。

……

该技术方案中,所述复合振膜包括至少一层热塑性弹性体层和至少一层热固性聚氨酯橡胶层,在制备过程中,由于热塑性弹性体层和橡胶层两者贴合时橡胶层为未交联或半交联状态,此时聚氨酯橡胶并非网状结构而是线形结构,因此与热塑性弹性体层更容易浸润;且橡胶层在振膜成型过程中发生交联反应,会进一步浸润热塑性弹性体层,进一步增大了两者的黏结力。因此,采用本申请的复合振膜可以显著增大热塑性弹性体层和热固性聚氨酯橡胶层之间的黏结力,提升现有复合振膜结构的可靠性,长期振动后不会出现分层甚至破膜的问题。本申请中,所述复合振膜包括至少一层热塑性弹性体层和至少一层热固性聚氨酯橡胶层,大大提高了复合振膜的回弹性,降低了发声装置在大振幅或严格的气密性试验后膜折、塌陷等不良比例,使发声装置仍具有良好的声学性能。

在审查意见通知书中,审查员所提供的D1(CN111065024A)与权利要求1的区别在于:①振膜100的另一层为热固性聚氨酯橡胶层。②聚氨酯橡胶成的膜体为未交联的聚氨酯橡胶层或半交联的聚氨酯橡胶层,对复合膜进行成型处理形成振膜,且在所述成型处理中使所述未交联的聚氨酯橡胶层或半交联的聚氨酯橡胶层发生交联反应形成热固性聚氨酯橡胶层。

审查员没有根据区别特征确定权利要求1实际要解决的技术问题,而是在找出区别特征后直接进行区别特征是否显而易见的判断,认为D2(CN110804154A)公开了使用热固性聚氨酯橡胶层作为复合振膜层的一层。D3(CN110497672A)给出了使用聚氨酯树脂作为多层复合膜体的一层材料时,使聚氨酯具有交联结构可以增加其与其他层的黏结的牢固性。因此,本领域技术人员在D1使用热塑性弹性体层和聚氨酯橡胶层形成的复合振膜结构的基础上,容易想到和实现对聚氨酯橡胶层引入交联结构以增加其与其他层的粘连性。而制备时,在形成多层膜体结构后,即在复合膜各层已形成,最后成型时引入聚氨酯的交联结构,以便于其他层的黏附是本领域技术人员容易想到和实现的。因此,在D1、D2、D3及本领域的惯用技术手段结合的基础上,权利要求1没有创造性。

专利代理师认为,区别特征与最接近的现有技术的结合,是在"解决技术问题"这一指导之下寻找结合启示的,没有确定解决的技术问题,区别特征与最接近的现有技术之间可能各自独立,不具整体性,而一个技术方案之所以存在,其原因在于该技术方案包含的多个技术特征间以一种特定方式联结，使其具有解决一定技术问题和取得相应技术效果的整体异议，忽略这种整体意义将使大多数专利申请没有创造性。根据上述区别特征所能达到的技术效果，可以确定本申请权利要求1的技术方案实际解决的技术问题是：如何提高热塑性弹性体层和热固性聚氨酯橡胶层之间的黏结力，同时显著提高振膜的整体回弹性。

专利代理师进一步分析，区别特征②在D3中所起的作用与在本申请中为解决发明实际解决的技术问题所起的作用完全不同，不存在任何技术启示。由此，否定了审查员的创造性审查结论。

该案最后获得授权，授权文本参见CN111935601B，授权文本中的权利要求1如下：

1. 一种发声装置的复合振膜的制备方法，其特征在于，所述复合振膜包括至少一层热塑性弹性体层和至少一层热固性聚氨酯橡胶层；所述复合振膜的制备方法包括如下步骤：提供橡胶层，其中，<u>所述橡胶层的制备方法为：采用聚氨酯橡胶通过涂布工艺制成膜体，将所述膜体进行低温干燥形成未交联的聚氨酯橡胶层或半交联的聚氨酯橡胶层；或者，采用聚氨酯橡胶通过压延工艺制成膜体，</u>所述膜体为未交联的聚氨酯橡胶层；将所述橡胶层与热塑性弹性体层贴合，形成复合膜；对所述复合膜进行成型处理形成振膜，且在所述成型处理中使所述未交联的聚氨酯橡胶层或半交联的聚氨酯橡胶层发生交联反应形成热固性聚氨酯橡胶层。

兵法28　发现技术问题的障碍

【应对策略】

发现问题是解决的问题的前提，在真实的发明创造的过程中，由于现有技术的偏见，人们往往习以为常，难以发现问题在哪，就更加谈不上解决技术问题。

审查意见中重新确定的技术问题，是通过分析区别特征在本申请中的技术效果来推定的，然而这种推定并不符合发明创造的真实过程。真实的发明创造，是基于背景技术发明人发现了一些问题，进而提出了改进的方向，并最终形成方案；实质审查中，由于审查员所认定的最接近的现有技术可能不同于申请人在说明书中所描述的现有技术，因此，基于最接近的现有技术重新确定的该发明实际解决的技术问题，可能不同于说明书中所描述的技术问题；在这种情况下，审查指南中规定应当根据审查员所认定的最接近的现有技术重新确定发明实际解决的技术问题。

因此，当D1作为最接近的现有技术没有明显的瑕疵，基于区别特征重新确定发明实际解决的技术问题也能够对应得上区别特征时，专利代理师不宜争辩技术问题到底是什么，而要转换到本领域技术人员的角色上，重新阅读D1，看一下是否存在发现该技术问题的障碍，即判断本发明所要解决的技术问题的发现是否显而易见。如果所要解决的技术问题是所属技术领域普遍存在的，或者是技术发展急需解决、市场迫切需要解决的技术问题，则该技术问题的发现、提出对本领域技术人员来说是显而易见的；反之，如果该技术问题的发现、提出对本领域技术人员而言是非显而易见的，则用于解决该技术问题的权利要求具备创造性。后者需专利代理师在意见陈述中重点说明，才有可能让审查员理解到发现技术问题的障碍。

如果D1没有给出需要解决该技术问题的指引，本领域中也不存在需要解决这个问题的启示，那么，可以推断本领域技术人员基于D1无法发现该技术问题。进一步地，本领域技术人员存在发现该问题的困难，本申请提出了一个新的技术问题本身就是一种创新，因此，本领域技术人员基于D1获得本申请的方案是非显而易见的。

【案例解析】

申请号为CN200780006953.7的专利申请，涉及一种电缆卷绕装置，其可以安装在吸尘器的相应的容纳室中，其中一个中空管（16）通过它的一个末端（17）连接到电缆卷绕装置上，该中空管的另一个末端终止于吸尘器风机的抽吸区中，其特征在于，在中空管（16）中至少分段地布置有弹簧元件（20），弹簧单元（20）的外径稍微大于中空管（16）的内径。这样冷却气流可以始终在具有恒定的横截面的中空管（16）中返回引导，这样即使冷却空气量较少，也能够实现对电缆绕组的充分冷却，同时有利于避免电缆绕组被不允许地加热（图1）。

该方案在实质审查中被驳回，驳回理由如下：权利要求1请求保护一种电缆卷绕装置，其与德国专利文献DE8532395U1（以下简称"D1"）相比，区别在于：1）权利要求1中的中空管至少分段地布置有弹簧元件；弹簧单元的外径稍微大于中空管的内径。但"中空管至少分段地布置有弹簧元件"已被德国专利文献DE10247255A1（以下简称"D2"，参见图2）给出了相应技术启示,"弹簧单元的外径稍微大于中空管的内径"属于本领域的基本常识,因此,在 D1 的基础上结合 D2 本领域的基本常识得到权利要求 1 所要求保护的技术方案,对本领域的技术人员来说是显而易见的,故权利要求 1 所要求保护的技术方案不具有突出的实质性特点和显著的进步,不具备专利法第二十二条第三款规定的创造性。2)权利要求 2、3 的附加技术特征已被 D2 公开,权利要求 4 的附加技术特征属于本领域的公知常识,权利要求 5、6 的附加技术特征已被 D1 公开,故权利要求 2~6 也不具备创造性。

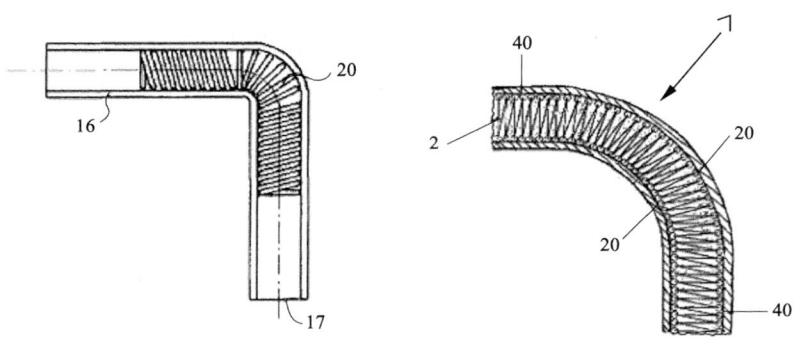

图 1　本申请装置结构示意图　　图 2　D2 装置结构示意图

申请人不服提出复审,复审请求人认为:①本领域的技术人员并不会考虑 D2 的教导,因为 D2 涉及淋浴装置这一专门技术领域,而这与本申请所涉及的真空吸尘器的技术领域截然不同。②即使本领域的技术人员考虑了 D2 的教导,其也不能得到当前权利要求 1 的内容,因为 D1 或者本申请中的软管吸收空气,故在软管的内部导致持久稳固的、部分真空,相反,D2 中的洗浴软管由于其内的水流而处于某种压力过载状态,故 D2 中对软管弯曲保护的需要相比最接近的现有技术 D1 要更加松懈,而不是迫切。③"弹簧单元的外径稍微大于中空管的内径"并不属于本领域的基本常识,否则,应提供相应证据。

合议组认为,权利要求 1 与 D1 相比,其区别在于:本申请权利要求 1 中限定了中空管中至少分段地布置有弹簧元件,其将弹簧保持在预定的位置上,并通过弹簧元件稳定住,且该弹簧元件的外径稍微大于中空管的内径,而 D1 的中空管中未布置有弹簧元件,其所要解决的技术问题是:缺少内部支撑的引导冷却气流的中空管在真空和热空气热负荷作用下变得越来越窄导致电缆卷筒散热不良。

对于上述区别特征，D2 公开了一种用于淋浴装置的软管 1，参见图 2，该软管 1 内侧设置有螺旋形的弹簧元件 2；该弹簧元件 2 用以确保软管 1 不会扭折，尤其是防止软管 1 弯曲部位的水流通道变窄，从而保证软管 1 可流畅地通过水流，同时也可以解决所述区别所要解决的技术问题。因此，本领域的技术人员可以从 D2 中得到技术启示，将 D2 中所公开的弹簧元件 2 应用于 D1 中的中空管内，并将弹簧保持在预定位置上，通过该弹簧元件支撑、稳定住中空软管，从而使中空软管在弯折部位不会变窄而具有始终恒定的横截面，以流畅地通气，从而解决所述区别所要解决的技术问题。尽管淋浴软管所对应的淋浴装置和本申请中的中空软管所对应的吸尘器不属于同类产品，但均属于小家用电器领域，故小家用电器技术领域的普通技术人员在面对吸尘器中的某个技术问题时容易想到将淋浴器中解决该类问题的技术手段应用到吸尘器中，并不存在技术领域跨度方面较难的问题。另外，不管是淋浴器中用以流水的软管，还是吸尘器中用以通气的软管，其均属于流体需要通过的中空软管，无论是水还是空气都是流体，均遵循流体动力学原理。因此，当软管发生变形导致管道受阻时，采用 D2 所公开的技术措施或采用公知的技术手段来提高其刚度，对于本领域普通技术人员来说是显而易见的。至于"弹簧元件的外径稍微大于中空管的内径"既可以防止管内的弹簧元件滑动移位，又可以便于弹簧元件安装到软管内侧，由于两者需要紧固配合，所以使弹簧外径稍微大于中空管内径是本领域技术人员的必然选择，属于本领域的公知常识。尽管 D2 中公开了弹簧元件 2 的外径与软管 1 的内径相等或比之稍小，不同于本申请权利要求 1 中的技术特征"弹簧元件的外径稍微大于中空管的内径"，但二者同样是为了解决软管因弯折而致使流体通道变窄受阻的技术问题，并且解决管道变形的技术措施也都是本领域技术人员容易想到的。

由此可知，在 D1 的基础上结合 D2 及本领域的常规设计从而得到权利要求 1 所要求保护的技术方案，对本领域的技术人员来说是显而易见的，因此权利要求 1 所要求保护的技术方案不具有突出的实质性特点和显著的进步，因而不具备专利法第二十二条第三款规定的创造性。

基于上述分析，复审委员会维持了驳回决定，申请人未上诉，该案最终没有获得授权。

然而，参与审查该案的主审员在事后进行了反思[8]，认为该案的驳回实乃可惜，倘若复审请求人换一个论点，即陈述本领域技术人员发现技术问题的障碍，就发明人对现有技术的贡献主要在于发现、提出吸尘器电缆散热不畅而加速老化的原因方面进行争辩，使合议组合理考虑发现上述原因所需要跨越的技术障碍，考虑发明人对现有技术的贡献主要在于发现问题，则可能会做出撤销驳回的复审决定。

具体来说，本案相对于D1大部分结构相同，唯一改进之处在于中空管的一个或多个弯曲部位上，至少分段地布置有弹簧元件，避免在中空管工作中处于负压状态下其弯折部变窄甚至堵塞，不利于卷筒上电缆的散热并最终加速电缆老化、缩短电缆寿命。D1是申请人20年前在德国提出的专利申请，在近20年的时间里，没有任何本领域相关企业或者技术人员提出过在吸尘器的中空管处于负压状态下容易变窄甚至堵塞并会引发一系列技术问题，更未提出过改进方案，其原因可能是多方面的，在本申请说明书未详尽说明发现这个问题的情形下，找到电缆线发热老化的根源、提出解决方案是否需要跨越障碍，需要申请人进一步向合议组陈述，在此基础上，再由合议组进一步确认，或许就可以扭转该案的最终走向。

兵法29　D2没有公开区别特征

【应对策略】

在判断本申请要求保护的方案，对本领域的技术人员来说是否显而易见的过程中，往往会找到一个D2进行比较和说理，当D2公开了本申请相对于D1的区别特征，并且区别特征在D2中的作用与本申请相同，则推定D2给出将上述区别特征应用到D1，以解决其存在的技术问题（发明实际解决的技术问题）的启示，这种启示会使本领域的技术人员在面对D1时，有动机改进该D1并获得要求保护的发明，即显而易见地获得本申请要求保护的方案。

专利代理师通过浏览D2的公开文本，分析D2公开了哪些特征，找出这些特征记载在D2公开文本中的作用，并与审查意见中的推理过程比较，以核实D2是否公开了本申请的区别特征。具体可参见兵法14中的方法。

需要注意的是，D2应当直接公开区别特征，如果审查员在D2的基础上又进行了推演，则意味着D2没有实质公开区别特征。例如，审查员将D2结合公知常识进行了推演，认为本领域技术人员基于D2公开的A内容，容易想到替换为B内容，则是混淆了D1与D2的角色。

根据三步法的评价要求，第三步判断本申请要求保护的发明，对本领域的技术人员来说是否显而易见，实质上是判断相对于 D1 而言是否显而易见。当 D1+ 公知常识得到本申请，可以推定没有创造性，这是合理的。而在 D2 基础上进行推演，则是"D2+ 公知常识"推定公开了区别特征，这是不合理的，因为本领域技术人员可能没有动机进行这种"常规变化"，也可能难以预料变化后是否能够解决相同的技术问题，并实现相同或者相似的技术效果，甚至可能由于多个部件配合的矛盾，无法实现这种"常规变化"。因此，当审查员在 D2 基础上进行推演式分析时，专利代理师要警惕 D2 实质上没有公开区别特征的情况，并通过特征比对进行说理，得到结合启示不成立的结论，从而本申请相对于 D1 与 D2 的结合是非显而易见的。

【案例解析】

申请号为 CN201811391769.5 的专利申请，涉及一种测定动物源性食品中氨基糖苷类药物残留的方法，原始申请的权利要求 1 如下：

1. 一种测定动物源性食品中氨基糖苷类药物残留的方法，包括以下步骤：

步骤 1：提取样品中残留的氨基糖苷类药物

取样品放入塑料离心管中，加入磷酸盐缓冲液，漩涡，离心，取上清液，备用；

另取不含氨基糖苷类药物的阴性样品，放入离心管中，加入磷酸盐缓冲液，漩涡，离心，取上清液作为空白基质溶液。

步骤 2：固相萃取柱富集净化

SupelMIPSPE-Aminoglycosides 固相萃取柱使用前依次用甲醇、磷酸盐缓冲溶液活化；取样品获得的上清液过固相萃取柱，依次用水和氨水淋洗，然后真空抽干；再用乙腈和水的混合溶液淋洗，然后真空抽干；之后用二氯甲烷和甲醇的混合溶液淋洗，然后真空抽干；最后用含甲酸的乙腈和水的混合溶液洗脱至塑料离心管中，洗脱液过滤后置于塑料进样瓶中，记为溶液 S，备用；

另取空白基质溶液，加入已知量的氨基糖苷类药物，配置成基质匹配混合标准溶液。

步骤 3：高效液相色谱-串联质谱测定

采用 SIELC Obelisc R 色谱柱和 Hypercarb 色谱柱分别分离溶液 S 和基质匹配混合标准溶液中的氨基糖苷类药物，并采用串联质谱进行测定，以基质匹配混合标准溶液的测定结果绘制标准工作曲线，对样品中待测氨基糖苷类药物的含量进行计算。

在第一次审查意见中，审查员引用《亲水性Obelisc R液相色谱-串联质谱法测定猪肉样品中氨基糖苷类药物残留》作为D1，其公开了一种测定猪肉（动物源性食品的下位概念）中氨基糖苷类药物残留的方法，采用了SIELC Obelisc R色谱柱分离溶液S和基质匹配混合标准溶液中的氨基糖苷类药物，并采用串联质谱进行测定，以基质匹配混合标准溶液的测定结果绘制标准工作曲线，对样品中待测氨基糖苷类药物的含量进行计算。

权利要求1与D1公开的技术内容相比，区别在于：上清液过固相色谱柱后依次用水和氨水淋洗，采用SIELC Obelisc R色谱柱和Hypercarb色谱柱分别分离溶液S和基质匹配混合标准溶液中的氨基糖苷类药物，具体操作细节有差别。基于上述区别特征，权利要求1所要保护的技术方案实际解决的技术问题是改进测定方法的检测精准性。

对于上述区别特征，D1公开了上清液过固相萃取柱后用水淋洗，而基于氨基糖苷类药物的性质增加氨水淋洗除杂的步骤，是所属领域技术人员容易想到的。

对于色谱柱的区别，D2（"Determination of gentamicin C components in fish tissues through SPE-Hypercarb-HPLC-MS/MS"）摘要部分公开了：采用Hypercarb色谱柱检测鱼肉（动物源性食品的下位概念）中庆大霉素C（氨基糖苷类药物的下位概念），由于采用了Hypercarb色谱柱而不需要使用离子对试剂。因此，在D2的教导下，所属领域技术人员容易想到根据具体检测对象的分离效果合理选择采用SIELC Obelisc R色谱柱和Hypercarb色谱柱分别分离氨基糖苷类药物。在D1与D2的结合基础上，权利要求1不具备创造性。

专利代理师分析后认为，本发明的优势在于可以同时检测出动物源性食品中16种氨基糖苷类药物残留情况，为了实现这个目标，两种色谱柱相互配合各自承担了不同的物质分离，基于此，专利代理师建议申请人修改权利要求，将分析对象限定为蜂蜜或蜂王浆，将从权中记载的分析目标添加到权利要求1，即氨基糖苷类药物由化合物M和化合物N组成，其中化合物M为链霉素、双氢链霉素和壮观霉素，化合物N为新霉素、安普霉素、妥布霉素、庆大霉素、卡那霉素、潮霉素B、小诺霉素、巴龙霉素、核糖霉素、阿米卡星、西索米星、依替米星和奈替米星；步骤3中SIELC Obelisc R色谱柱适用于将化合物 M 从样品中分离出来，步骤 3 中 Hypercarb 色谱柱适用于将化合物 N 从样品中分离出来。

在意见陈述中，专利代理师指出：

第一，D1 公开了利用 Obelisc R 色谱柱分离检测 9 种氨基糖苷类药物，本发明也使用了 SIELC Obelisc R 色谱柱，但是本发明的分离对象为链霉素、双氢链霉素和壮观霉素 3 种，即 SIELC Obelisc R 色谱柱在本发明中仅用于分离上述 3 种氨基糖苷，SIELC Obelisc R 色谱柱分离对象不同。

第二，本发明还采用了 Hypercarb 色谱柱进行分离，没有被 D1 公开。

其中，D1 教导的安普霉素、妥布霉素、庆大霉素、卡那霉素、潮霉素 B、阿米卡星 6 种氨基糖苷通过 Obelisc R 色谱柱分离，在本发明中是采用 Hypercarb 色谱柱进行分离，分离手段不同，效果也不同。

以妥布霉素、潮霉素为例，采用 D1 中方法以 Obelisc R 色谱柱分离检出低限为 20 μg/L，而本发明中采用 Obelisc R 色谱柱分离检出限为 5 μg/kg，可见本发明以 Hypercarb 色谱柱分离妥布霉素、潮霉素的灵敏度高于 D1。

第三，本发明所述方法还能分离新霉素、小诺霉素、巴龙霉素、核糖霉素、西索米星、依替米星和奈替米星 7 种氨基糖苷，D1 所采用的 Obelisc R 色谱柱分离不能实现上述 7 种氨基糖苷的分离，本领域技术人员存在同时检测上述 7 种氨基糖苷的技术困难。

第四，审查员引用的 D2 公开了采用 Hypercarb 色谱柱分离鱼肉中的庆大霉素，该物质已经包含在 D1 的检测对象中，本领域技术人员缺乏动机进行 D1 与 D2 的结合。

退一步地，倘若本领域技术人员基于检测准确的考虑将 D1 与 D2 进行结合，则得到的方案是通过 Obelisc R 色谱柱和 Hypercarb 色谱柱分离链霉素、双氢链霉素、壮观霉素、安普霉素、妥布霉素、庆大霉素、卡那霉素、潮霉素 B、阿米卡星 9 种氨基糖苷，不能预料本发明中化合物结构完全不同的新霉素、小诺霉素、巴龙霉素、核糖霉素、西索米星、依替米星和奈替米星 7 种氨基糖苷的检测分离。也就是说，D2 实质上没有公开本发明采用 Hypercarb 色谱柱适用于将化合物 N 从样品中分离出来。

因此，本领域技术人员不能通过 D1 与 D2 的结合获得本发明中包含新霉素在内的 9 种氨基糖苷类药物的分离效果，本发明相对于 D1 与 D2 的结合是非显而易见的。

通过上述说理，审查员接受了陈述的内容，该案经过进一步修改后最后获得了授权，授权文本参见CN 109541103B，授权文本中的权利要求1如下：

1. 一种测定动物源性食品中氨基糖苷类药物残留的方法，包括以下步骤：

步骤1：提取样品中残留的氨基糖苷类药物

取样品放入塑料离心管中，加入磷酸盐缓冲液，漩涡，离心，取上清液，备用；

另取不含氨基糖苷类药物的阴性样品，放入塑料离心管中，加入磷酸盐缓冲液，漩涡，离心，取上清液作为空白基质溶液。

步骤2：固相萃取柱富集净化

SupelMIPSPE-Aminoglycosides固相萃取柱使用前依次用甲醇、磷酸盐缓冲溶液活化；取样品获得的上清液过固相萃取柱，依次用水和氨水淋洗，然后真空抽干；再用乙腈和水的混合溶液淋洗，然后真空抽干；之后用二氯甲烷和甲醇的混合溶液淋洗，然后真空抽干；最后用含甲酸的乙腈和水的混合溶液洗脱至塑料离心管中，洗脱液过滤后置于塑料进样瓶中，记为溶液S，备用；所述含甲酸的乙腈和水的混合溶液为含5体积%甲酸的乙腈/水溶液；

另取空白基质溶液，加入已知量的氨基糖苷类药物，配置成基质匹配混合标准溶液。

步骤3：高效液相色谱-串联质谱测定

采用SIELC Obelisc R色谱柱和Hypercarb色谱柱分别分离溶液S和基质匹配混合标准溶液中的氨基糖苷类药物，并采用串联质谱进行测定，以基质匹配混合标准溶液的测定结果绘制标准工作曲线，对样品中待测氨基糖苷类药物的含量进行计算。

步骤3中分析链霉素、双氢链霉素和壮观霉素的色谱条件如下：色谱柱：SIELC Obelisc R色谱柱，2.1 mm × 100 mm，5 μm；流速：0.4 mL/min；柱温：35 ℃；进样量：10 μL；流动相：A为0.1体积%甲酸溶液，B为乙腈，梯度洗脱，洗脱程序如下：

时间，分钟	A，体积%	B，体积%
0	5	95
2	5	95
5	35	65
8	95	5

续表

时间,分钟	A,体积%	B,体积%
14	95	5
14.1	5	95
20	5	95

步骤 3 中分析新霉素、安普霉素、妥布霉素、庆大霉素、卡那霉素、潮霉素 B、小诺霉素、巴龙霉素、核糖霉素、阿米卡星、西索米星、依替米星和奈替米星色谱条件如下：色谱柱：Hypercarb 色谱柱，2.1 mm × 150 mm，5 μm；流速：0.35 mL/min；柱温：35 ℃；进样量：20 μL；流动相：A 为 2.5 体积%氨水溶液，B 为乙腈，梯度洗脱，洗脱程序如下：

时间,分钟	A,体积%	B,体积%
0	95	5
0.5	95	5
9.0	5	95
9.1	95	5
13.0	95	5

步骤 3 中质谱条件如下：ESI 正离子模式；多反应监测；电喷雾电压：5500.0 V；离子源温度：550 ℃；雾化气压力：50.00 Psi；辅助气压力：50.00 Psi；气帘气压力：35.00 Psi；碰撞气压力：medium；入口电压：10 V；出口电压：10 V；滞留时间：20 ms；监测离子对、去簇电压、碰撞能量见下表：

药物名称	监测离子对,m/z	去簇电压,V	碰撞能量,eV
链霉素	582.1>263.1*	160	47
	582.1>246.1		49
双氢链霉素	584.2>263.1*	145	45
	584.2>221.1		47
壮观霉素	351.2>207.1*	110	30
	351.2>98.0		40

续表

药物名称	监测离子对, m/z	去簇电压, V	碰撞能量, eV
新霉素	615.3>293.1*	250	33
	615.3>161.1		38
安普霉素	540.3>217.1	227	35
	540.3>378.2*		24
妥布霉素	468.3>163.1	90	31
	468.3>324.2*		19
庆大霉素 C_1	478.3>322.2*	275	19
	478.3>157.1		26
卡那霉素	485.2>163.1*	170	31
	485.2>324.2		24
潮霉素 B	528.2>352.1*	145	32
	528.2>177.1		37
小诺霉素	464.2>447.2	220	20
	464.2>322.2*		29
巴龙霉素	616.3>293.1*	220	30
	616.3>163.1		40
核糖霉素	455.2>163.0*	150	32
	455.2>295.0		24
阿米卡星	586.2>163.1*	200	40
	586.2>425.2		24
西索米星	448.2>254.0	100	29
	448.2>322.1*		19
依替米星	478.2>350.1*	210	20
	478.2>191.1		31
奈替米星	476.3>458.3*	210	18
	476.3>299.2		28

其中 * 为定量离子对。

所述动物源性食品为蜂蜜或蜂王浆，所述氨基糖苷类药物由化合物 M 和化合物 N 组成，其中化合物 M 为链霉素、双氢链霉素和壮观霉素，化合物 N 为新霉素、安普霉素、妥布霉素、庆大霉素、卡那霉素、潮霉素 B、小诺霉素、巴龙霉素、核糖霉素、阿米卡星、西索米星、依替米星和奈替米星；步骤 3 中 SIELC Obelisc R 色谱柱适用于将化合物 M 从样品中分离出来，步骤 3 中 Hypercarb 色谱柱适用于将化合物 N 从样品中分离出来。

兵法 30 区别特征在 D2 中的作用

【应对策略】

当 D1 没有全部公开区别特征，审查员需要寻找合适的 D2，来进行 D1 与 D2 相结合得到本发明的推理。此时，判断要求保护的发明对本领域的技术人员来说是否显而易见，实质上是在判断本领域技术人员是否必然会进行 D1 与 D2 的结合。

审查指南中指出，判断过程中要确定的是现有技术整体上是否存在某种技术启示，即现有技术中是否给出将上述区别特征应用到该最接近的现有技术，以解决其存在的技术问题（发明实际解决的技术问题）的启示，这种启示会使本领域的技术人员在面对所述技术问题时，有动机改进该最接近的现有技术并获得要求保护的发明。如果现有技术存在这种技术启示，则发明是显而易见的，不具有突出的实质性特点。

因此，合适的 D2 是这样的：D2 公开了区别特征，并且，区别特征在 D2 中的作用是解决本发明实际解决的技术问题。

然而，审查意见中常见的 D2 是公开了区别特征，但是没有公开区别特征的作用，或者公开了区别特征的作用，但是并不是用来解决本发明实际解决的技术问题。审查员往往采用推理式的论断，即 D2 公开了 ××× 特征，并且也是……作用。专利代理师应警惕省略号处指代的内容是否成立，如果在 D2 全文没有明确记载省略号处指代的内容，根据 D2 全文也不能毫无疑义地推测出 ××× 特征的作用，那么可以根据区别特征在 D2 中的作用不同于本发明，或者没有公开区别特征的作用，则本领域技术人员即使面对 D2 的区别特征，也没有动机改进最接近的现有技术（D1），从而得出本发明相对于 D1 与 D2 的结合是非显而易见的结论。

【案例解析】

申请号为 CN201810977599.2 的专利申请，涉及一种果酒开瓶后的保鲜方法，原始申请中首项权利要求为：

1. 一种果酒开瓶后的保鲜方法，其特征在于，该保鲜方法包括将开瓶之后的果酒置于密闭环境中，之后采用波长为100~380 nm且功率为0.1~1 W的紫外灯进行多次照射，照射频率为2~40次/日，照射时长为10 s~30 min/次。

通过上述方法，本发明能够较大限度地保留酒的营养物质与最佳风味口感，有效抑制酒体表面好氧微生物（醋酸菌、乳酸菌）的滋生，减缓酒的酸化、醋化和褐变，将开瓶后保鲜期有效延长至14~30天，口感能够得以保持甚至变得更好。

在实质审查中，审查员找到CN 202784304U作为D1，其涉及一种家用葡萄酒保存容器，包括一个带瓶塞的酒瓶，所述的酒瓶的外壁上卡有压缩氮气罐，所述的压缩氮气罐的罐口安装有喷射扳机，所述的喷射扳机上连接有出气管，所述的出气管的另一端穿过瓶塞与伸入酒瓶内的入气管相连；所述的瓶塞设有排气开关；所述的酒瓶接近底处安装有出酒龙头。该容器可以排出酒瓶内的空气，实现对开瓶后的葡萄酒与空气相互隔离的良好保存效果。

审查认为，本发明与D1的区别在于，保鲜方式不同，因此，权利要求1实际解决的技术问题是提供一种替代的开瓶果酒的保鲜方法。

在此基础上，审查员找到CN 207581778U作为D2，认为后者公开了果酒储藏室内设置紫外线杀菌灯，D2在有益效果部分记载了，通过设置紫外线杀菌灯，用于对储藏罐内部进行杀菌处理，避免果酒被细菌污染。可见D2公开采用紫外线杀菌以避免果酒污染的方法，避免污染也是为了保鲜。本领域技术人员在D2的教导下，有动机将D2中的果酒保鲜方式应用于D1来代替D1中的充氮气保鲜方式，即有动机将开瓶后的果酒采用紫外线灯照射来达到杀菌保鲜的目的。D2中存储器同样是给果酒提供了密闭环境，因此将开瓶后的果酒放置在密闭环境中进行紫外灯照射则是容易想到的。紫外灯的波长、功率、照射频率和时间等都可以根据保鲜效果常规选择。因此，本发明相对于D1与D2的结合没有创造性。

专利代理师在意见陈述中指出，D2公开了对果酒进行紫外线杀菌，然而，杀菌不等价于保鲜。果酒之所以被大家喜爱，正是因为果酒中含有大量的微生物，通过微生物代谢产生的活性酶对人体有益。与果酒相似的产品如酵素，就是天然原料经微生物发酵制得的含有特定生物活性成分（包括多糖类、寡糖类、蛋白质及多肽、氨基酸类、维生素类）的产品。果酒品质口感受到酒体所含的微生物、儿茶酚和花青素等物质含量的总体影响。

内部微生物群的大幅增长或减少，酶类物质和酚类物质的数量波动等变化，都会影响甚至破坏酒体的口感，加速酒品质的自然衰败。

因此，杀菌是除掉产品中的细菌，通常没有选择性，而保鲜则必须在抑制有害细菌生长的同时，还要保证有益细菌的生命活力，维持酒体中微生物平衡，否则果酒的口感将会大打折扣，丧失保鲜意义。D2中公开的紫外线杀菌方法，单纯以杀菌为目标的紫外线设计通常也会破坏成品果酒本身的口感品质，因此并不适用于红酒类果酒开瓶后储藏。D2实质上并没有公开本发明中紫外线保鲜的方法，在具体操作方法和作用效果上都不同。

紫外灯的常规用途是发挥杀菌作用，本领域技术人员在D2的启发下，容易想到采用紫外辐射的方式进行杀菌，不是必然会想到用来保鲜。

退一步地，假设本领域技术人员偶然想到，要采用紫外线来实现保鲜，但是，还存在如何避免伤害有益细菌、保持于果酒口感有利的微生物活性的技术困难。

本发明权利要求1中，将开瓶之后的果酒置于密闭环境中，果酒密封保存是为了减少酒中挥发性物质（酒精、芳香物质、挥发酸）的流失，减少空气流通，避免更多的氧气参与到氧化酒体的反应中（见说明书［0008］段）。

之后采用波长为100~380 nm且功率为0.1~1 W的紫外灯进行多次照射，照射频率为2~40次/日，照射时长为10 s~30 min/次，通过紫外灯低剂量、周期性、多频次地使用紫外灯直接照射瓶内的空气及酒体表面，能够对与酒体接触的空气进行杀菌，杜绝外源微生物造成的酒体污染，抑制酒体表面与空气接触的醋酸菌、乳酸菌等厌氧菌和兼性厌氧微生物的生长，避免其爆发性生长导致酒体酸化变质（见说明书［0009］段）。这是抑制有害细菌的一个方面。

另一方面，即维护果酒口感有利的微生物活性方面，上述条件还可以有效降低或抑制酒中氧化酶（PPO）的活性，持续刺激增强过氧化氢酶（CAT）、超氧化物岐化酶（SOD）等活性氧代谢酶的活性，破坏部分氧化酶的活性，增强对超氧阴离子的清除能力，延缓甚至阻断儿茶酚、花青素（花色苷）为代表的多酚物质的氧化，阻止酒体的褐变，从而延长果酒的最佳口感保存期（见说明书［0006］段）。

由本发明说明书附图1和附图2可以看到，采用本发明所述保鲜方法的葡萄酒中总酚含量、总花青素含量的变化非常小，可以与现有技术中标准的冷藏保鲜媲美，说明本发明采用的保鲜方法具有意想不到的技术效果。

因此，本领域技术人员在 D1 与 D2 结合的基础上获得本申请的技术方案是非显而易见的。

该案最后获得授权，授权文本参见 CN 108929838B，在授权文本中，权利要求 1 如下：

1. 一种果酒开瓶后的保鲜方法，其特征在于，该保鲜方法包括将开瓶之后的果酒置于密闭环境中，之后采用波长为 100~380 nm 且功率为 0.1~1 W 的紫外灯进行多次照射，照射频率为 2~40 次 / 日，照射时长为 10 s~30 min/ 次。

兵法 31 D1/D2 给出相反的教导

【应对策略】

相反的教导是指与本发明的技术构思相反的内容，本领域技术人员在获知本发明之前，只是知晓 D1 和（或）D2，会按照其记载的内容进行操作，但是不会做出与 D1、D2 相悖的举动。

例如，D1 中可能记载了加热的温度不能超过 300 ℃，否则会造成材料团聚。在这种教导下，本领域技术人员不会选择 300 ℃以上的问题进行尝试，即本领域技术人员没有动机将 D1 往 300 ℃以上加热处理的方向进行改进。

又如，D2 可能记载了污泥脱水时要避免产生块体，含水率不能低于 50%，否则因污泥团聚将造成后续反应不充分。在这种教导下，本领域技术人员不会选择将污泥脱水至含水率低于 50%，即本领域技术人员没有动机在 D1 与 D2 结合的基础上，往含水率低于 50% 的方向进行改进。

专利代理师往往需要通读对比文件全文，才能发现相反的教导字段，在意见陈述时，为了充分说理，建议引用对比文件相应内容及出处，便于审查员核实。根据引用的内容，专利代理师可以分析其直观得到的启示，进而得出与本发明相悖的内容，据此可以看到，本领域技术人员根据对比文件相应的记载，不能往有悖于其教导的方向改进，从而无法显而易见地获得本发明。

【案例解析】

申请号为 CN 202010709700.3 的专利申请，涉及一种胶体电解质，权利要求书部分内容如下：

1. 一种胶体电解质，其特征在于：所述胶体电解质由溶剂、无机胶凝剂、硫酸锌和硫酸锰混合组成流动态的稳定体系，其中，所述无机胶凝剂为纳米二氧化硅，粒径范围为 5~15 nm。

2. 根据权利要求 1 所述胶体电解质，其特征在于：所述纳米二氧化硅的粒径范围为 5~9 nm。

3. 根据权利要求 1 所述胶体电解质，其特征在于：所述溶剂为水，优选地，水占所述胶体电解质总重的 55%~60%。

4. 根据权利要求 1 所述胶体电解质，其特征在于：所述纳米二氧化硅占所述胶体电解质总重的 0.5%~4%，优选为 0.6%~1.5%。

……

该胶体电解质具有一定的流动性，且稳定性较好，胶体电解质静置 50 天后不发生凝固或者沉淀，具有优良的物理特性和电化学性能，用作制备锌离子电池，表现出较好的循环稳定性。

实质审查中，审查员找到 CN111211360A 作为 D1，其公开了水系锌离子胶体电解质，包括：溶剂，所述溶剂为水；凝胶剂，所述凝胶剂由气相二氧化硅和（或）硅溶胶构成；电解液，所述电解液为含锌离子和其他金属离子的溶液；以及添加剂，所述添加剂包括表面活性剂或结构优化剂，所述添加剂相对于所述电解液的添加量为 0.001wt%~0.01 wt%，其他金属离子为锂离子、锰离子、钠离子、镁离子、钾离子中的一种。因此，本发明权利要求 1 相对于 D1 没有新颖性。

专利代理师对权利要求进行了修改，合并了部分具有新颖性的从属权利要求，新的权利要求 1 如下：

1. 一种胶体电解质，其特征在于：所述胶体电解质由溶剂、无机胶凝剂、硫酸锌和硫酸锰混合组成流动态的稳定体系，其中，所述无机胶凝剂为纳米二氧化硅，粒径范围为 5~15 nm；所述溶剂为水，水占所述胶体电解质总重的 55%~60%；所述纳米二氧化硅占所述胶体电解质总重的 0.6%~1.5%。

在意见陈述中，专利代理师分析了 D1 的发明构思，D1 说明书［0006］段记载，胶体电解质具有准固态特性，具体实施例 1 中图 1 示出了实物图，为凝固后的胶体电解质（说明书［0041］段），从中可以看到，右图中倒置状态，电解质不会流出，不具有流动性。据此，可以毫无疑义地确定，D1 中准固态特性是一种不具有流动性的凝固胶体。

D1说明书［0006］段记载，胶体电解质具有准固态特性，在离子电导率方面和水溶液电解质接近，既可以解决水溶液电解质在应用中存在的一些问题，又在电导率方面要远优于传统凝胶电解质。一方面，该胶体电解质可以通过其固有的物理特性固定电解液，杜绝电解质析晶与电池漏液的情况，同时缓解电池失水、极片粉化等问题。另一方面，凝胶态电解质降低了自由水的比例，可以有效抑制水的分解，缓解集流体腐蚀等问题。

可见，D1明确教导了具有凝固状态的胶体，具有杜绝电解质析晶与电池漏液，缓解电池失水、极片粉化问题的优势。本领域技术人员从D1得到的启示是获得准固态胶体电解质，所做出的改进努力也是往促使胶体凝固的方向。

然而，本申请倡导的是一种非凝固的胶体电解质，发明人认为，一方面凝胶态电解质由于引入有机类的表面活性剂或者改性试剂，配方不够环保，更重要的是凝胶态的电解质具有不流动的固态或者准固态特征，不仅不利于电导率的提高，也不利于注液操作。另一方面，为了调控固态材料的结构，往往在制备工艺上过于复杂，成分涉及多种组分，造成推广运用困难等问题（参见说明书［0006］段）。

因此，D1给出与本申请相悖的教导，本领域技术人员无法在D1基础上继续改进，来获得本申请。

通过上述陈述，该案最后获得授权，授权文本参见CN111883857B，授权文本中的权利要求1如下：

1.一种胶体电解质，其特征在于：所述胶体电解质由溶剂、无机胶凝剂、硫酸锌和硫酸锰混合组成流动态的稳定体系，其中，所述无机胶凝剂为纳米二氧化硅，粒径范围为5~15 nm；<u>所述溶剂为水，水占所述胶体电解质总重的55%~60%；所述纳米二氧化硅占所述胶体电解质总重的0.6%~1.5%</u>。

兵法32　D1与D2的结合障碍

【应对策略】

结合障碍是指，本领域技术人员进行D1与D2的结合时存在困难，可能是结合启示不成立，也可能是两篇对比文件的技术特征难以兼容，或者结构上结合时存在其他部件的位置冲突问题，或者方法上结合时存在前后步骤难以接续的问题等。由于结合障碍的存在，本领域技术人员将无法实现 D1 与 D2 的成功结合。

本章与兵法 30 有一定联系，兵法 30 侧重分析区别特征在 D2 中的作用是否明确记载，并且与本发明相同，因为特征公开不等于有结合启示，没有技术效果的指引，本领域技术人员没有动机进行结合，即 D1 与 D2 的结合启示不成立，此时广义上也可以说是 D1 与 D2 的结合存在障碍。

本章侧重狭义上的障碍，即困难之处，专利代理师以本领域技术人员的视角，想象两篇的技术结合，是否能够轻易实现。如果答案是否定的，那么本发明必然解决了两种技术结合存在的困难，此时建议在意见陈述中分析这种困难，并对应分析哪些特征是用以解决这些困难。由于本发明相对于现有技术，解决了技术困难，成功实现了技术融合，因此本发明相对于现有技术是非显而易见的。

【案例解析】

申请号为 CN202010145223.2 的专利申请，涉及一种含镁富锂锰基正极及其制备方法，原始申请中的部分权利要求如下：

1. 一种含镁富锂锰基正极，其特征在于：所述含镁富锂锰基正极包括集流体和活性材料，所述活性材料附着在所述集流体上，所述活性材料包括：富锂锰基正极材料 $xLi_2MnO_3 \cdot (1-x)LiMO_2$，M 为过渡金属元素，$0 < x < 1$；镁单质或镁的化合物、导电剂和黏结剂；其中，所述镁单质的质量或所述镁的化合物中镁的质量为所述富锂锰基正极材料质量的 0.1%~10%。

2. 根据权利要求 1 所述含镁富锂锰基正极，其特征在于：所述镁单质的质量或所述镁的化合物中镁的质量为所述富锂锰基正极材料质量的 0.1%~10%，优选为 1%~7%；

任选的，所述导电剂的质量为所述富锂锰基正极材料质量的 0.1%~15%；

任选的，所述黏结剂的质量为所述富锂锰基正极材料质量的 0.1%~15%。

3. 根据权利要求 1 或 2 所述含镁富锂锰基正极，其特征在于：所述镁的化合物为氧化镁、硫化镁、有机镁盐或无机镁盐中至少一种。

4. 根据权利要求 1 或 2 所述含镁富锂锰基正极，其特征在于：所述导电剂为导电炭黑、科琴黑或乙炔黑中至少一种。

5. 根据权利要求 1 或 2 所述含镁富锂锰基正极，其特征在于：所述黏结剂为丙烯腈多元共聚物、聚偏氟乙烯、羧甲基纤维素钠、聚四氟乙烯、改性丁苯橡胶或海藻酸钠中至少一种。

6. 一种权利要求 1~5 任一项所述含镁富锂锰基正极的制备方法，其特征在于：包括：按质量百分比称取各原料，之后将富锂锰基正极材料 $x\text{Li}_2\text{MnO}_3 \cdot (1-x)\text{LiMO}_2$，M 为过渡金属元素，$0 < x < 1$，镁单质或镁的化合物，导电剂，黏结剂采用物理方法混合均匀，获得浆液，将浆液涂覆在所述集流体表面，之后干燥；所述物理方法包括搅拌、研磨或球磨。

……

本发明从电极制作工艺出发，镁单质或镁的化合物通过电极制备工艺，能够均匀地分布于电极之中，在充放电过程中，镁元素动态地同富锂锰基材料作用，不仅通过增大充电过程的极化，避免了材料首圈充电时过度脱锂导致的结构的不可逆破坏，而且在随后的充放电过程中还可以原位地保护富锂锰基材料，避免材料与电解液直接接触导致的不良反应。因此本发明是从电极层面解决富锂锰基材料结构在充放电过程中不稳定的问题，提升了电化学性能。

实质审查中，审查员引用 CN 103825018A 作为 D1，其公开了正极浆料由 N-甲基吡咯烷酮、正极黏结剂、正极导电剂、富锂锰基材料、纳米 SiO_2 和纳米 Al_2O_3 中的一种或两种制成。通过对富锂锰基材料掺杂少量的 SiO_2 和 Al_2O_3，用以填充在富锂锰基材料大颗粒的空隙中间，并且对富锂锰材料进行原位包覆，另外由于 SiO_2 和 Al_2O_3 材料颗粒小，比表面积大，对富锂锰材料具有较好的表面活化作用；此外，Si—O 和 Al—O 要比 Li—Mn—O 的键能大，结构稳定，因此掺杂后可以提高富锂锰基材料的结构稳定性，大大提高了锂离子电池循环寿命、低温放电、倍率放电、安全等性能。

在此基础上，审查员找到 CN 101719546A 作为 D2，其公开了一种正极材料的制备方法，采用纳米氧化镁对材料进行化学包覆改性，主要方法是：……b.将上述配制好的原料和纳米氧化物及适量无水乙醇放入球磨机中进行球磨和混合；球磨速度为 200~500 rpm，球磨时间为 10~20 小时；c.将上述球磨后的混合物经干燥、连筛后，置于程序控温高温炉中在 500~1000 ℃条件下分段煅烧 10~30 小时；d.最后，将煅烧后的产物再经机械粉碎、振动分极和气流粉碎，得到纳米氧化物掺杂的锂离子电池正极材料。D3（CN 103794781A）公开了富锂锰基材料作为正极，分子式为

$x\text{Li}_2\text{MnO}_3 \cdot (1-x) \text{Li}(\text{Ni}_{0.7-y}\text{Mn}_{0.15}\text{Co}_{0.15}\text{M}_y)\text{O}_2$，M 为掺杂元素镁，M 为 Ti、B、Al、Mg 中的一种或两种。因此，在 D1 结合 D2、D3 的基础上，推定本发明没有创造性。

专利代理师在意见陈述中指出，D1 公开的制备方法是将富锂锰基、纳米氧化铝等各原料混合后进行搅拌、涂覆在铝箔上进行烘干、压实而得到正极，这种物理方法与 D2 中氧化镁通过化学方法（高温煅烧）与正极材料结合的方式相矛盾，即本领域技术人员在 D1 与 D2 进行结合时，无法既满足 D1 中纳米氧化铝与富锂锰基物理混合、压实得到正极，又满足 D2 中高温煅烧条件使得氧化镁进入正极的晶格进行改性，因此 D1 与 D2 的结合存在障碍。

基于同样的道理，D3 中公开了富锂锰基材料为经过金属氧化物化学包覆改性的正极材料，其制备过程包括：……富锂锰基前驱体进行低温烧结和高温烧结后得到初步的富锂锰基材料，烧结完成的初步的富锂锰基材料加入反应釜，并向反应釜中加入溶剂和混合金属元素包覆剂，在反应釜中搅拌均匀后转移至双锥干燥机中除去溶剂，最后将粉体经过二次烧结最终得到元素掺杂且经所述混合金属氧化物包覆改性的高容量富锂锰基固溶体正极材料。D3 教导的氧化镁与富锂锰基通过化学反应进行改性，从 D3 中正极材料的分子式可以看出，$x\text{Li}_2\text{MnO}_3 \cdot (1-x) \text{Li}(\text{Ni}_{0.7-y}\text{Mn}_{0.15}\text{Co}_{0.15}\text{M}_y)\text{O}_2$，M 为掺杂元素镁，镁元素进入材料的晶体结构中，这种采用氧化镁进行化学反应的方式，与 D1 教导的物理混料方式相矛盾，D1 与 D3 的结合存在障碍。

因此，本领域技术人员无法在 D1 基础上，显而易见地完成 D1 与 D2、D3 的结合，存在结合障碍。

进一步地，专利代理师指出，本发明中镁的化合物为硫化镁、有机镁盐或无机镁盐中至少一种，不同于 D2 和 D3 中采用的纳米氧化镁。更重要的是，本发明采用物理方法将富锂锰基正极材料，镁单质或镁的化合物，导电剂，黏结剂混合均匀，在原理上完全不同于 D2 和 D3 教导的通过化学反应进行分子层面的改性。D2、D3 主要是通过煅烧对富锂锰基正极材料进行掺杂改性，本发明是针对电极的制备工艺进行改进。正极材料只是电极制备工艺中使用的一种原料，本发明不针对正极材料进行任何的处理。

从本发明实施例 1 的记载可以看出，以硫酸镁为电极添加剂，通过物理混合富锂锰基制备的电极，相比不含硫酸镁的富锂锰基，具有更高的首圈库伦效率，并且，在 100 mA/g 的电流密度下循环 100 圈，以硫酸镁物理混合富锂锰基容量保持率为 93.7%，明显优于不含硫酸镁的富锂锰基容量保持率为 69.6%。这是由于含镁的电极，在电池放电过程中被活化分解，在电化学的条件下对正极材料进行包覆和改性，使得富锂锰基正极首圈充电过程中锰的活化被抑制，循环过程中电压衰减现象不明显，循环稳定性提高（见本发明说明书[0043]段）。这个作用同 D1 中的高键能 SiO_2 和 Al_2O_3 材料具有根本性的不同，他们没有任何这个作用。

可见，以无机镁盐物理混合富锂锰基获得的正极材料，具有意想不到的技术优势，进一步地，本发明实施例 6 以镁单质为镁源，实施例 4 以柠檬酸镁为镁源，分别佐证了镁单质、有机镁盐可不同程度改善首圈库伦效率和充放电过程的容量保持率，取得了本领域技术人员难以预料的技术进步。

该案最后获得了授权，授权文本参见 CN 111313008B，在授权文本中的首项权利要求如下：

1. 一种含镁富锂锰基正极，其特征在于：所述含镁富锂锰基正极包括集流体和活性材料，所述活性材料附着在所述集流体上，所述活性材料包括：富锂锰基正极材料 $xLi_2MnO_3·(1-x)LiMO_2$，M 为过渡金属元素，$0<x<1$；镁的化合物、导电剂和黏结剂；其中，所述镁的化合物中镁的质量为所述富锂锰基正极材料质量的 0.1%~10%，所述镁的化合物为硫化镁、有机镁盐或无机镁盐中至少一种；所述含镁富锂锰基正极的制备方法包括：按质量百分比称取各原料，之后将富锂锰基正极材料 $xLi_2MnO_3·(1-x)LiMO_2$，M 为过渡金属元素，$0<x<1$，镁的化合物，导电剂，黏结剂采用物理方法混合均匀，获得浆液，将浆液涂覆在所述集流体表面，之后干燥。

兵法 33　转用发明

【应对策略】

转用发明是指将某一技术领域的现有技术转用到其他技术领域中的发明。

审查指南中指出，在进行转用发明的创造性判断时通常需要考虑：转用的技术领域的远近、是否存在相应的技术启示、转用的难易程度、是否需要克服技术上的困难、转用所带来的技术效果等。

① 如果转用是在类似的或者相近的技术领域之间进行的，并且未产生预

料不到的技术效果,则这种转用发明不具备创造性。

②如果这种转用能够产生预料不到的技术效果,或者克服了原技术领域中未曾遇到的困难,则这种转用发明具有突出的实质性特点和显著的进步,具备创造性。

专利代理师可以充分利用上面的第②点,进行转用发明类的答复审查意见,即预料不到的技术效果(详见兵法35)、克服了技术困难两个方面,进一步可以结合技术领域相差大、不存在结合启示、转用困难等角度进行分析。

【案例解析】

申请号为 CN201410327112.8 的专利申请,涉及一种电铲上下车通信装置,包括:设置于电铲上车的电气室里的上车通信单元及设置于电铲下车的行走装置上的下车通信单元;

其中,上车通信单元包括:第一输入/输出模块,与电铲上车进行数据交互;第一数据处理模块,对从第一输入/输出模块接收的或向第一输入/输出模块发送的数据进行处理;第一蓝牙模块,根据蓝牙协议进行数据收发;以及第一天线;

下车通信单元包括:第二输入/输出模块,与电铲下车进行数据交互;第二数据处理模块,对从第二输入/输出模块接收的或向第二输入/输出模块发送的数据进行处理;第二蓝牙模块,根据蓝牙协议进行数据收发;以及第二天线。

实质审查中,在第一次审查意见中,审查员引用 CN202799183U 作为 D1,其公开了一种具有多个移动通信终端的移动通信装置,包括:

主终端,所述主终端为移动通信终端(相当于上车通信单元),所述主终端包括:第一短距离无线通信模块(相当第一蓝牙模块);第一输入输出模块(相当于第一输入/输出模块);第一数据处理模块(相当于第一数据处理模块),与所述第一短距离无线通信模块和所述第一输入输出模块连接(相当于第一蓝牙模块与所述第一数据处理模块连接);

至少一个从终端,所述从终端也为移动通信终端(相当于下车通信单元),所述从终端包括:第二短距离无线通信模块(相当第二蓝牙模块),和所述第一短距离无线通信模块无线通信连接;第二输入输出模块(相当于第二输入/输出模块),第二数据处理模块(相当于第二数据处理模块),与所述第二短距离无线通信模块和所述第二输入输出模块连接(相当于第二蓝牙模块与所述第二数据处理模块连接）。

权利要求 1 与 D1 的内容相比，其区别特征是：权利要求中的装置应用于电铲上下车通信，且上车通信单元设置于电铲上车的电气室里，下车通信单元设置于电铲下车的行走装置上；装置还具有第一天线，以及第二天线，第一天线和第二天线的作用未公开。基于区别特征，权利要求 1 实际解决的技术问题是：①如何将 D1 的通信装置应用于电铲上下车通信，以及如何设置各通信单元的位置；②如何实现蓝牙模块之间的通信。

在此基础上，审查员通过 D1 与本领域的公知常识的结合，得出权利要求 1 没有创造性。

本申请属于典型的转用发明申请，专利代理师在意见陈述中指出：

首先，本申请属于电铲设备领域或者说矿产挖掘设备领域，转用的是通信领域的技术，而两者的技术领域相距很远，并不类似或相近。

其次，也是最重要的，根据审查指南第二部分第四章 4.4 节（2）的规定："如果这种转用能够产生预料不到的技术效果，或者克服了原技术领域中未曾遇到的困难，则这种转用发明具有突出的实质性特点和显著的进步，具备创造性"，也就是转用发明申请只要满足上述两个条件之一即具备创造性。

结合本发明来看，从技术效果来说，本申请权利要求 1 的技术方案相对于现有技术能产生以下技术效果：

①由于矿用电铲上下车信号传输采用了无线通信方式，使得滑环高度可以降低，从而使结构更加简单、实用，在拆装时更加方便。

②矿用电铲上下车部分通信信息量不受滑环数量限制。

③增强了系统运行的可靠性，降低滑环维护难度和成本。

④蓝牙通信保证了电铲上下车之间通信的可靠性及快速响应。

上述技术效果相对于通过滑环进行上、下车之间的信息交换及控制的现有技术来说显然是预料不到的技术效果。

最后，从克服原技术领域中未曾遇到的困难来说，本申请权利要求 1 的技术方案克服许多通信领域不会遇到的困难，如强烈的声光电的干扰、高湿度的环境、剧烈的震动及超高温和超低温（如 $-40 \sim 80$ ℃）的影响等。

可见，本申请权利要求 1 的技术方案克服了许多技术上的困难，且取得了极好的效果，所以无论从上述哪个方面来说都具备创造性。

审查员在收到上述意见陈述后，认可了专利代理师的陈述，并进行了补充检索，更换了对比文件并重新进行创造性评价。

兵法 34 要素变更发明

【应对策略】

要素变更的发明，包括要素关系改变的发明、要素替代的发明和要素省略的发明。具体来说：要素关系改变的发明，是指发明与现有技术相比，其形状、尺寸、比例、位置及作用关系等发生了变化。

要素替代的发明，是指已知产品或方法的某一要素由其他已知要素替代的发明。

要素省略的发明，是指省去已知产品或者方法中的某一项或多项要素的发明。

在进行要素变更发明的创造性判断时通常需要考虑：要素关系的改变、要素替代和省略是否存在技术启示、其技术效果是否可以预料等。根据上述3种类型，有创造性的情形包括：

如果要素关系的改变或者要素的替代导致发明产生了预料不到的技术效果，则发明具有突出的实质性特点和显著的进步，具备创造性。

如果发明与现有技术相比，发明省去一项或多项要素（例如，一项产品发明省去了一个或多个零部件，或者一项方法发明省去一步或多步工序）后，依然保持原有的全部功能，或者带来预料不到的技术效果，则具有突出的实质性特点和显著的进步，该发明具备创造性。

因此，专利代理师可以根据上述有创造性的情形展开分析，通常要侧重于"具有意想不到的技术效果"上，详见兵法35。

【案例解析】

申请号为201910592237.6的发明专利，涉及一种高孔隙率多孔炭的制备方法，原始申请中部分权利要求如下：

1.一种高孔隙率多孔炭的制备方法，其特征在于，该方法包括如下步骤：

S1：将含锌有机物在800~950℃下采用二氧化碳进行物理活化，得到多孔炭-氧化锌复合物；

S2：在惰性气体保护下，将所述多孔炭-氧化锌复合物进行碳热还原反应，随炉冷却，研磨，得到所述高孔隙率多孔炭。

2. 根据权利要求 1 所述的高孔隙率多孔炭的制备方法,其特征在于,所述含锌有机物选自柠檬酸锌、葡萄糖酸锌和硬脂酸锌中的至少一种。

3. 根据权利要求 1 或 2 所述的高孔隙率多孔炭的制备方法,其特征在于,步骤 S1 中,所述物理活化的时间为 2~4 小时。

4. 根据权利要求 1 或 2 所述的高孔隙率多孔炭的制备方法,其特征在于,步骤 S1 中,所述物理活化的具体过程为:将所述含锌有机物用坩埚盛装,置于具有气体切换功能的气氛烧结炉中,先在惰性气体保护下,以 1~3 ℃/min 的速率升温至 800~950 ℃,之后立即将气体切换至二氧化碳气体,并将二氧化碳气体的流量保持在 50~100 mL/min 下保温 2~4 小时,接着将气体切换回惰性气体。

5. 根据权利要求 1 或 2 所述的高孔隙率多孔炭的制备方法,其特征在于,步骤 S2 中,所述碳热还原反应的条件包括温度为 900~1100 ℃,时间为 1~3 小时。

……

在实质审查中,审查员找到论文 "Zinc-salt templating of hierarchical porous carbons for low electrolyte high energy lithium-sulfur batteries(LE-LiS)" 作为 D1,其公开了一种分级多孔炭的制备方法,具体地:将 7.5 g 柠檬酸锌(含锌有机物)与蔗糖、氢氧化钠溶液混合,在反应炉中 100 ℃处理 3 h,160 ℃处理 6 h;然后在水平管式炉中,进行碳热还原,在氩气流(惰性气体)下,以 5 k/min 的速度升温至 950 ℃,保温 2 h;在 250~400 ℃实现碳前驱体的分解(可以确定此时得到多孔炭-氧化锌复合物),在 700 ℃以上实现氧化锌的还原;……碳热还原过程中产生的 CO_x 会对碳源产生物理活化。

权利要求 1 与 D1 相比,区别在于:将含锌有机物在 800~950 ℃下采用二氧化碳进行物理活化,得到多孔炭-氧化锌复合物。基于上述区别,可以确定权利要求 1 实际解决的技术问题是提高多孔炭的性能。

然而,D1 已经说明"碳热还原过程中产生的 CO_x 会对碳源产生物理活化",为进一步提高活化效果,本领域技术人员有动机采用二氧化碳进行物理活化。因此,权利要求 1 不具备创造性。

代理师进行了权利要求的修改,并在意见陈述中指出:

第一,本发明新的权利要求 1 所述方法,采用物理活化不同于 D1 中分散液加热处理。

D1 公开了将柠檬酸锌、蔗糖和氢氧化钠溶液混合构成的分散液在反应炉中 100 ℃处理 3 h，160 ℃处理 6 h。该过程发生的化学反应是：氢氧根离子与锌离子反应，生成氢氧化锌白色沉淀。在随后的热处理中，氢氧化锌将发生分解，生成氧化锌。同时，过量的氢氧化钠将起到化学活化剂的作用，在随后的炭化过程中会对有机物进行化学活化造孔。

上述反应中柠檬酸锌是作为氧化锌模板的来源，蔗糖作为炭源，氢氧化钠的作用既是化学沉淀剂，又是化学活化剂。可见，D1给出的启示是，将有机锌和炭源、氢氧化钠混合形成溶液，氢氧根离子与锌离子发生化学沉淀反应，生成氢氧化锌沉淀。同时，过量的氢氧化钠将作为化学活化剂，在随后的热处理过程中起到化学活化作用。

本发明没有额外引入炭源，也不引入水或者有强腐蚀性的氢氧化钠溶液，仅仅是有机锌本身在二氧化碳氛围下进行物理活化，其过程是有机锌在升温过程中，在惰性气体保护下分解，脱除有机小分子和水分，得到多孔炭-氧化锌前驱体；随后，在保温阶段，二氧化碳与炭基体发生物理活化反应，部分炭基体被烧蚀，生成一氧化碳，起到微孔造孔作用。氧化锌在这一过程中仍镶嵌于炭基体中。在随后的高温碳热还原过程中，氧化锌还原成单质锌并以蒸汽的方式逸出，起到进一步造孔扩孔的作用。

可见，本发明在原理上显著不同于D1的氢氧化钠化学活化作用和利用氧化锌碳热还原产生的有限的CO_x气体的物理活化作用，本发明以二氧化碳气氛进行加热，由于CO_2气体流量大，方便调控，而D1中依靠碳热还原原位产生的CO_x气体流量有限，因此在活化效果上本发明优于D1。

具体地，本发明先在惰性气体保护下，以 1~3 ℃/min 的速率升温至 800~950 ℃，该过程是有机锌在惰性气体下随着温度的升高发生热分解，脱除有机小分子和水，同时在炭基体内部生成氧化锌粒子；之后立即将气体切换至二氧化碳气体，并将二氧化碳气体的流量保持在 50~100 mL/min 下保温 2~4 小时，该过程可以提供充足的二氧化碳气氛，使其对炭基体进行充分的物理活化，即发生反应：$CO_2+C=2CO$，形成微孔。

从效果上进行比较，本发明没有引入额外的炭源、水及强腐蚀性、碱性试剂，产品的纯度更高，生产工艺也更加简便。D1并没有说明所加入的钠元素的最终去向，其可能成为杂质影响产品纯度。

第二，本发明新的权利要求1所述方法中多孔炭-氧化锌复合物进行炭热还原反应的反应温度为 900~1100 ℃，没有被D1公开，采用该温度具有意想不到的技术效果。

D1公开了碳热还原在氩气流下温度升至950 ℃，保温2 h，得到多孔炭。本发明采用的碳热还原反应的反应温度为1000~1100 ℃，高于D1。本领域技术人员基于D1公开的技术方案，没有动机提高碳热还原反应的温度。

在本发明中，碳热还原过程中不仅完成炭与氧化锌之间的碳热还原反应，更重要的是利用1000~1100 ℃高温环境，使得生成的锌由液态转变为气态，源源不断地从材料中脱出，发挥造孔剂的作用，在炭基材上产生密集的孔洞，提高多孔炭的孔隙率。从实施例2的检测结果可以看到，多孔炭的比表面积达到2950 m²/g，远远超过D1的比表面积2622 m²/g，具有意想不到的技术效果。

该案最终获得授权，授权文本参见CN110255557B，在授权文本中的首项权利要求如下：

1. 一种高孔隙率多孔炭的制备方法，其特征在于，该方法包括如下步骤：S1：将含锌有机物在800~950 ℃下采用二氧化碳进行物理活化，<u>所述物理活化的具体过程为：将所述含锌有机物用坩埚盛装，置于具有气体切换功能的气氛烧结炉中，先在惰性气体保护下，以1~3 ℃/min的速率升温至800~950 ℃，之后立即将气体切换至二氧化碳气体，并将二氧化碳气体的流量保持在50~100 mL/min下保温2~4小时，接着将气体切换回惰性气体</u>，得到多孔炭-氧化锌复合物；<u>所述含锌有机物选自柠檬酸锌、葡萄糖酸锌和硬脂酸锌中的至少一种</u>；S2：在惰性气体保护下，将所述多孔炭-氧化锌复合物进行碳热还原反应，<u>温度为1000~1100 ℃，时间为1~3小时</u>，随炉冷却，研磨，得到所述高孔隙率多孔炭。

兵法35　意想不到的技术效果

【应对策略】

判断本发明对本领域的技术人员来说是否显而易见，有一个特殊情况，即当本发明相对于现有技术而言，取得了意想不到的技术效果时，则可以有力地说明，本发明相对于现有技术是非显而易见的。本章方法适用于本发明的大多数技术特征被现有技术公开，结合启示也成立，结合难度小或者不存在的情形。

意想不到的技术效果，是指发明同现有技术相比，其技术效果产生"质"的变化，具有新的性能；或者产生"量"的变化，超出人们预期的想象。这种"质"的或者"量"的变化，对所属技术领域的技术人员来说，事先无法预测或者推理出来。当发明产生了预料不到的技术效果时，说明发明具有显著的进步，同时也反映出发明的技术方案是非显而易见的，具有突出的实质性特点，该发明具备创造性。

通俗地讲，意想不到的技术效果远远超出现有技术的记载，或者本领域技术人员，根据一般认知进行预期，难以预料到，例如，化学领域的协同作用，已知的两个组分相结合，发挥出超出单个组分作用直接相加的结果，此时要注意，原始申请中应当有相关数据可以佐证协同作用，否则这一论点将会没有说服力，审查员可能以没有事实依据为由不予认可。

本章内容与兵法34有相关联的地方，运用时可以二者相结合。

【案例解析】

案例一：

申请号为CN202010655572.9的专利申请，涉及一种草地贪夜蛾成虫引诱剂，其特征在于：所述草地贪夜蛾成虫引诱剂由性引诱剂和植物挥发性气味化合物组成；所述的性引诱剂由顺-9-十四碳乙酸酯和顺-7-十二碳乙酸酯组成；所述植物挥发性气味化合物为苯甲酸乙酯、苯甲醇、水杨酸甲酯、苯甲醛、苯乙醛、柠檬烯、芳樟醇和乙酸苯甲酯中的一种或多种。本发明所述草地贪夜蛾成虫引诱剂通过性引诱剂和植物气味挥发物协同增效，尤其是当所述气味化合物由苯乙醛、芳樟醇和柠檬烯组成，综合诱捕效果较好，不仅可以实现较高的诱捕效率，而且对雌虫的诱捕效果好。

实质审查过程中，审查员找到CN111109281A作为D1，其公开了一种针对广东地区的地区性草地贪夜蛾引诱剂。该地区性草地贪夜蛾引诱剂，由草地贪夜蛾性信息素和植物挥发物组成，所述的草地贪夜蛾性信息素和植物挥发物的质量比为1:（800~1000），所述的草地贪夜蛾性信息素由顺-9-十四碳乙酸酯和顺-7-十二碳烯乙酸酯组成，所述的植物挥发物由苯乙醛和芳樟醇组成。在此基础上，审查员提供的D2为一篇外文期刊论文"Antennal Sensilla and Electrophysiological Response of Male and Female Spodoptera frugiperda（Lepidoptera: Noctuidae）to Conspecific Sex Pheromone and Plant Odors"，其研究了草地贪夜蛾对柠檬烯、芳樟醇、水杨酸甲酯等17种化学物质有EAG反应。在D1基础上结合D2推定本发明没有创造性。

专利代理师分析本申请发现，背景技术中记载：常规引诱剂组合物对雄性成虫的引诱效果很好，但对雌性成虫没有引诱性，雌性成虫繁殖能力强，如能确定找到对雌性成虫有引诱效果的引诱剂，对于草地贪夜蛾的防治有很重要的意义。

然而雌性成虫难以诱捕，由于目前开发的昆虫信息素引诱剂主要是针对雄虫，针对雌性害虫的信息素很难开发，雌性成虫难以被常见信息素引诱，特别是鳞翅目害虫，关于雌性害虫的引诱上主要还是借助食物引诱剂，食物引诱剂在保存运输及田间使用上受到诸多因素的限制，推广困难大。

实际上，D1并没有区分雄虫和雌虫，本申请提出了一个新的技术问题，即提高对雌虫的诱捕效果，由于D1已经解决了草地贪夜蛾的诱捕问题，并取得了提高诱捕率的效果，本领域技术人员基于D1没有动机进行改进。

进一步地，D2图3中列出的17种物质中，草地贪夜蛾对柠檬烯的EAG反应程度几乎是最低的，本领域技术人员基于优先选择高效诱捕试剂的考虑，不是必然会选择活性最差的柠檬烯。也就是说，本领域技术人员无法从D2中获得启示，使其必然地会进行D1与D2中柠檬烯的结合。

实际上，本发明中柠檬烯也不是单独发挥作用，而是与苯乙醛和芳樟醇组成植物挥发性气味化合物，配合性引诱剂整体产生诱捕雌虫的效果。从本发明中A4组和A8组的对比可以看到，两组的区别仅在于，A4组采用柠檬烯+苯乙醛+芳樟醇，A8组采用柠檬烯+苯甲酸乙酯，结果A4组诱捕到的雌虫是A8组的19倍。

可见，柠檬烯与苯乙醛和芳樟醇三者结合，具有意想不到的技术效果。

该案至本书截稿仍在继续审查阶段，感兴趣的读者可以通过专利检索网站查看专利当前状态。

案例二：

申请号为201810233237.2的专利申请，涉及一种饲料添加剂，权利要求书的部分内容如下：

1. 一种饲料添加剂，其特征在于，所述饲料添加剂含有鱼油和混合色素，所述鱼油中n-3系列高度不饱和脂肪酸的含量不低于20重量%，所述混合色素由叶黄素和虾青素按照（0.5~2）:1的重量比组成。

2. 根据权利要求1所述的饲料添加剂，其中，所述鱼油中n-3系列高度不饱和脂肪酸的含量为25重量%~35重量%，优选为28重量%~32重量%；所述混合色素中叶黄素和虾青素的重量比为（0.8~1.2）:1，优选为1:1。

3. 根据权利要求 1 或 2 所述的饲料添加剂，其中，所述鱼油和混合色素的重量比为 1000:(1~3)，优选为 1000:2。

在实质审查中，审查员以 CN102657298A 作为 D1，其公开了一种大黄鱼体色增强剂，包括虾青素、叶黄素和角黄素，其质量百分比分别为 20%~45%、20%~45% 和 20%~45%。由此可见，D1 实质上公开了一种饲料添加剂。

权利要求 1 要求保护的技术方案与 D1 相比，其区别在于：还包括鱼油，不包含角黄色，限定了鱼油成分组成。基于上述区别，权利要求 1 实际解决的技术问题是：如何丰富添加剂的营养功效。

对于上述区别，D2（《禁食及饲料 n-3 HUFA 水平对大黄鱼体成分、脂肪酸组成和生化指标的影响》，张振宇）公开了：以大黄鱼专用粉状饲料为基础饲料，分别添加不同比例富含 n-3 HUFA（34.6%）鱼油和大豆油（10%），配制成的 4 种等氮等能实验饲料，n-3 HUFA 相对含量分别为 30.8%、24.84%、19.92% 和 13.72%。由此可见，D2 给出了以富含 n-3 HUFA 的鱼油作为饲料添加剂的教导，且在 D2 中的作用与本申请相同，均是发挥富含 n-3 HUFA 的鱼油的营养功效，本领域技术人员容易想到选择富含 n-3 HUFA 的鱼油作为饲料添加剂的原料，并可基于需要选择鱼油中不饱和脂肪酸的含量；角黄素为常用饲料添加剂，本领域技术人员可以根据需要舍弃；叶黄素和虾青素重量比也是 D1 基础上容易调整后获得的。

因此，在 D1 的基础上结合 D2，得到权利要求 1 的技术方案对本领域的技术人员来说是显而易见的，权利要求 1 不具有创造性。

专利代理师通过分析后，进行了权利要求项的修改，并进行了以下意见陈述。

本发明新的权利要求 1 所述饲料添加剂中，混合色素相比 D1 减少了组分，体色改善效果反而更好，具体如下：

第一，本发明中所述饲料添加剂含有的混合色素由叶黄素和虾青素按照 1:1 的重量比组成，D1 公开了一种大黄鱼体色增强剂，包括有虾青素、叶黄素和角黄素，其质量百分比组成分别为：20%~45%、20%~45% 和 20%~45%。

相比而言，本发明缺少角黄色，本领域技术人员基于改善体色的出发点，没有动机减少必要组分，因之带来的效果影响是难以预期的，因此，本领域技术人员不能确定无疑地采用叶黄素和虾青素混合的方案。

第二，本发明混合色素少一种组分，还能取得优于D1的体色改善效果。

从本发明实施例中表2的数据可以看到，30天（4周）后色素添加组（D2~D5）大黄鱼背部和腹部皮肤的黄色值（b*）均显著高于对照组（D1）（$P<0.05$），而D1中混合色素使用8周左右才能显著改善人工养殖大黄鱼的体色。

可见，本发明新的权利要求1采用叶黄素和虾青素按照1:1组成的混合色素，相比D1减少了组分，还取得了更快改善体色的效果，具有意想不到的技术效果。

经过答复陈述，该案最终获得授权，授权文本参见CN108208472B，其中部分权利要求如下：

1. 一种饲料添加剂，其特征在于，所述饲料添加剂含有鱼油和混合色素，<u>所述鱼油和混合色素的重量比为1000:2</u>，所述鱼油中n-3系列高度不饱和脂肪酸的含量不低于20重量%，所述混合色素由叶黄素和虾青素按照<u>1:1</u>的重量比组成。

2. 根据权利要求1所述的饲料添加剂，其特征在于，<u>所述鱼油中n-3系列高度不饱和脂肪酸的含量为25重量%~35重量%</u>。

3. 根据权利要求1所述的饲料添加剂，其特征在于，<u>所述鱼油中n-3系列高度不饱和脂肪酸的含量为28重量%~32重量%</u>。

兵法36　授权加分项

【应对策略】

大多数情况下，专利代理师是根据审查员发出的审查意见，找出其中逻辑上不妥当的地方，以否定审查员评述内容的方式，获得本申请具有创造性的论断。本章提供一种相反的思路，即直接地、正面地评述本申请具有创造性，建议在运用前述兵法1~35的基础上，将本章的内容作为辅助论点，为授权加分，促使审查员在考虑本申请时更加偏向于授权。

这些授权加分项包括：

①发明解决了人们一直渴望解决但始终未能获得成功的技术难题。

②本发明克服了技术偏见。技术偏见，是指在某段时间内、某个技术

领域中,技术人员对某个技术问题普遍存在的、偏离客观事实的认识,它引导人们不去考虑其他方面的可能性,阻碍人们对该技术领域的研究和开发。如果发明克服了这种技术偏见,采用了人们由于技术偏见而舍弃的技术手段,从而解决了技术问题,则这种发明具有突出的实质性特点和显著的进步,具备创造性。

③本发明在商业上获得成功。当发明的产品在商业上获得成功时,如果这种成功是由于发明的技术特征直接导致的,则反映了发明具有有益效果,同时也说明了发明是非显而易见的,因而这类发明具有突出的实质性特点和显著的进步,具备创造性。但是,如果商业上的成功是由于其他原因所致,如由于销售技术的改进或者广告宣传造成的,则不能作为判断创造性的依据。

专利代理师可以结合销售量、客户评价等信息来佐证商业成功,甚至是一些无效、诉讼信息也能说明在市场上多个利害关系人仿造本发明,间接说明本申请的商业价值。

【案例解析】

案例一:

申请号为CN202010005382.2的专利申请,公开了一种解决凹版印刷中"隐拉线"问题的方法,部分权利要求如下:

1. 一种解决凹版印刷中"隐拉线"问题的方法,其特征在于:以原有的电子雕刻凹版印刷工艺为基础,不改变油墨配方,通过调整凹印版辊网线、网角、针角、网点面积率中至少一种的参数,以实现缩小通沟宽度,达到阻断和分散油墨中絮凝颗粒物的目的,从而杜绝凹版印刷产品中的"隐拉线"现象。

2. 根据权利要求1所述解决凹版印刷中"隐拉线"问题的方法,其特征在于:通过调整网点面积率,以实现缩小印版通沟宽度,达到阻断和分散油墨中絮凝颗粒物的目的,从而杜绝凹版印刷产品中的"隐拉线"现象。

3. 根据权利要求2所述解决凹版印刷中"隐拉线"问题的方法,其特征在于:包括以下步骤:

步骤1:以原有的凹版印刷工艺为基础,不改变凹印版辊网线、网角和针角参数,选择不同的网点面积率,在凹版印刷机上印刷出相应的印样,并测量出印刷品的密度值,绘出不同网点面积率对印刷密度的影响曲线图,借助不同网点面积率对印刷密度的影响曲线图找到网点面积率的最小值X;当网点面积率≥X时，印刷密度相对于网点面积率＜X时增幅缓慢，说明当网点面积率≥X时，网点面积率的变动对印刷色相的影响也变小；

步骤2：以网点面积率=X为起点，以网点面积率为100%为终点，在X~100%区间选择不同的网点面积率进行测试，凹印版辊中的其他工艺参数均不变，在同一印版以不同的网点面积率雕刻出相应的色块，进行上机印刷测试，随机连续抽取印刷样品进行"隐拉线"数量对比，借助对比结果找到网点面积率的最大值Y：当网点面积率≤Y时，随机连续抽取印刷样品的"隐拉线"数量为0，并且$X ≤ Y$；

步骤3：以网点面积率=Z进行印刷测试，$X ≤ Z ≤ Y$，通过调整油墨色浓度和（或）油墨印刷黏度来消除网点面积率变动后对颜色饱和度和印刷流平的不利影响，从而达到以调整网点面积率来阻断和分散絮凝颗粒物，同时不降低颜色饱和度和印刷流平的目的，最终确定解决凹版印刷中"隐拉线"问题的新工艺。

……

本案中，所谓隐拉线，是相对于明拉线而言，明拉线出现在图文空白处或浅网区域较为明显，一般可通过提高印版质量、打磨印版、更换刮刀、过滤油墨及使用竹签在刮刀上剔除絮凝物予以解决。而"隐拉线"的定义是：在图案暗调起刀处，随机拉出的中间浅两侧深白条，且数量不等、粗细不一，隐拉线是因油墨中絮凝颗粒物引起，该现象一直是近年来困扰凹印行业的一大难题。

实质审查中，审查员找到期刊论文《转移印刷中常见故障的处理方法》作为D1，其公开了印刷中图文边缘拉丝（呈头发丝状）现象的处理方法：印版腐蚀深度太深，在胶头粘墨过程中引起墨迹边缘的不规则变形和拉丝。要降低印版腐蚀深度，重新制作一块深度稍浅的印版。加网胶片或加网数选择不当，于较大面积的实地处由于油墨的内聚力引起拉丝（相当于"隐拉线"问题），可以调整试验不同的加网线数。审查员认为D1公开了调整网线以消除隐拉线问题，本发明没有创造性。

专利代理师进行了权利要求书的修改，并在意见陈述中指出：

本发明解决了人们一直渴望解决但始终未能获得成功的技术难题，即"隐拉线"问题。隐拉线是由絮凝颗粒物引起，一直是近年来困扰凹印行业的一大难题。由于油墨材料特性及行业类技术壁垒，无法消除颗粒物，而絮凝颗粒物是油墨的必要组分，是絮凝物就必然是颗粒物，是颗粒物在现有技术中必然会因颗粒物引起拉白条现象，即"隐拉线"，因此难以根本性地解决。

为了解决该行业难题，发明人尝试从油墨因素、刮刀参数、印版工艺等多个因素中寻找真正的原因，最终发现以上3个方面都有解决问题的局限性，在效果上虽有改善，但却都很难完全解决油墨絮凝物引起的拉线问题（参见本发明说明书［0082］段）。

通过研究这3个方面的共通点，发明人发现这三者的工艺参数改变都会影响到油墨转移。通过分析得到在调整好刮刀角度和压力的基础上，印版的电雕网穴结构大小对油墨转移影响最大，这与电雕版的制作有关（参见本发明说明书［0083］段）。

由此，发明人决定聚焦电雕网点的结构，撇开常规工艺思路，不考虑同"隐拉线"无关的其他印刷问题，发现主要差异在通沟宽度上，参见本发明表1，不管涉及印刷的几十个参数如何变化，当通沟宽度为0时，"隐拉线"消失。基于此，本发明提出了缩小通沟宽度，达到阻断和分散油墨中絮凝颗粒物的目的，从而杜绝凹版印刷产品中的"隐拉线"现象的发明思路。

经过答复陈述，该案最终获得授权，授权文本参见CN111169188B，其中权利要求1如下：

1.一种解决凹版印刷中"隐拉线"问题的方法，其特征在于：以原有的电子雕刻凹版印刷工艺为基础，不改变油墨配方，通过调整凹印版辊网点面积率，以实现缩小通沟宽度，达到阻断和分散油墨中絮凝颗粒物的目的，从而杜绝凹版印刷产品中的"隐拉线"现象。包括以下步骤：

步骤1：以原有的凹版印刷工艺为基础，不改变凹印版辊网线、网角和针角参数，选择不同的网点面积率，在凹版印刷机上印刷出相应的印样，并测量出印刷品的密度值，绘出不同网点面积率对印刷密度的影响曲线图，借助不同网点面积率对印刷密度的影响曲线图找到网点面积率的最小值X：当网点面积率$\geq X$时，印刷密度相对于网点面积率$< X$时增幅缓慢，说明当网点面积率$\geq X$时，网点面积率的变动对印刷色相的影响也变小；

步骤2：以网点面积率$=X$为起点，以网点面积率为100%为终点，在$X\sim 100\%$区间选择不同的网点面积率进行测试，凹印版辊中的其他工艺参数均不变，在同一印版以不同的网点面积率雕刻出相应的色块，进行上机印刷测试，随机连续抽取印刷样品进行"隐拉线"数量对比，借助对比结果找到网点面积率的最大值Y：当网点面积率$\leq Y$时，随机连续抽取印刷样品的"隐拉线"数量为0，并且$X \leq Y$；

<u>步骤 3：以网点面积率 =Z 进行印刷测试，$X \leq Z \leq Y$，通过调整油墨色浓度和（或）油墨印刷黏度来消除网点面积率变动后对颜色饱和度和印刷流平的不利影响，从而达到以调整网点面积率来阻断和分散絮凝颗粒物，同时不降低颜色饱和度和印刷流平的目的，最终确定解决凹版印刷中"隐拉线"问题的新工艺。</u>

案例二：

申请号为 CN201310193444.7 的专利申请，涉及一种通信系统的校正方法及通信系统校正装置，原始申请中的部分权利要求如下：

1. 一种通信系统的校正方法，包含有：于一传送端产生一测试信号；于该传送端设定至少一校正系数；从该传送端经过该至少一校正系数来传送该测试信号至一接收端；对该接收端所接收的该测试信号进行一频谱分析，来得到一频谱分析结果；以及依据该频谱分析结果来调整该传送端的该至少一校正系数，以校正该传送端。

该方法用以校正通信系统的传送端，其包含有：于一传送端产生一测试信号；于该传送端设定至少一校正系数；从该传送端经过该至少一校正系数来传送该测试信号至一接收端；对该接收端所接收的该测试信号进行一频谱分析，来得到一频谱分析结果；以及依据该频谱分析结果来调整该传送端的该至少一校正系数，以校正该传送端。

在实质审查中，审查员引用的 D1（CN101123460A）公开了一种用以校正传送信号中信号减损的通信系统，包含有载波信号产生器、传送模块、测试信号产生器、功率检测单元与校正装置。测试信号产生器是依据具有特定频率的单音信号或直流值与该单音信号的组合来产生第一测试信号至传送模块的第一传送路径或产生第二测试信号至传送模块的第二传送路径。功率检测单元是检测传送信号中与特定频率相关的信号成分的功率以产生功率指示信号。校正装置是运用第一候选校正参数来参考对应于第一候选校正参数的第一功率指示信号以决定目标校正参数。

通过特征比对，审查员认为独立权利要求 1 相较于 D1 至少包括如下区别特征：①本申请是频谱分析，D1 是功率分析；②于依据该频谱分析结果来调整该传送端的该至少一校正系数之前，在该至少一校正系数具有一预设初始设定之下，依据该频谱分析结果来调整该测试信号；其中若该频谱分析结果指出所接收到的该测试信号的功率小于一预定功率，则通知该传送端增加该测试信号的功率；以及若该频谱分析结果指出该测试信号的多个谐波功率大于背景噪声，则通知该传送端减少该测试信号的功率。基于上述区别，本申请实际解决的技术问题是如何调整测试信号的功率。

针对区别特征①，频谱分析和功率分析是本领域常见的信号分析方法，本领域技术人员可以进行常规选择，属于惯用手段的替换。

针对区别特征②，审查员认为，本领域技术人员熟知，测试信号的功率过大或者过小都会影响校正的准确性，而测试信号功率的大小是通过接收方的反馈获得的，即需要根据接收信号方的反馈来调整测试信号。因此，在通过测试信号调整校正系数之前，本领域技术人员很容易想到先根据接收方的反馈，将测试信号调整到合适的范围，这不需要克服技术上的障碍，其取得的技术效果也是本领域技术人员可以预期的。

对此，专利代理师不能认同，并修改了权利要求，在意见陈述中指出：无论是从D1给出的技术启示，还是从本领域技术人员甚至是普通人的思维惯性来看，为了实现校正的目的，通常都是会想到不断地根据频谱分析的结果来不断地增加或者减小（或者说调整）校正系数以使结果不断地逼近理想值，而不会想到去调整测试信号的功率，因此从这个意义上可以说本申请打破了人们的思维惯性或者说克服了技术偏见。

由此可见，根据审查指南第二部分第四章关于创造性的审查原则和评判标准的规定，无论是从非显而易见性，还是从打破了人们的思维惯性（或者说克服了技术偏见）的角度来说，本申请权利要求1所要求保护的技术方案都具有创造性。

该案最后获得授权，授权文本参见CN104184696B，在授权文本中的首项权利要求如下：

1. 一种通信系统的校正方法，包含有：于一传送端产生一测试信号；于该传送端设定至少一校正系数；从该传送端经过该至少一校正系数来传送该测试信号至一接收端；对该接收端所接收的该测试信号进行一频谱分析，来得到一频谱分析结果；依据该频谱分析结果来调整该传送端的该至少一校正系数，以校正该传送端；<u>以及于依据该频谱分析结果来调整该传送端的该至少一校正系数之前，在该至少一校正系数具有一预设初始设定之下，依据该频谱分析结果来调整该测试信号；其中若该频谱分析结果指出所接收到的该测试信号的功率小于一预定功率，则通知该传送端增加该测试信号的功率；以及若该频谱分析结果指出该测试信号的多个谐波功率大于背景噪声，则通知该传送端减少该测试信号的功率。</u>

参考文献

[1] 孟伟. 浅析《专利法》第5条之妨害公共利益 [J]. 中国发明与专利, 2018, 15 (z2): 23-26.

[2] 黄军生, 刘宇雄, 石浩. 国内专利申请文件撰写中的公开不充分问题及答复技巧 [J]. 中国发明与专利, 2014 (1): 90-93.

[3] 张蔚. 必要技术特征涉及的"技术问题"从高行终字第1722号专利权无效宣告请求案谈起 [J]. 电子知识产权, 2013 (10): 69-75.

[4] 孟杰雄. 最接近的现有技术在创造性评价中的作用及其选择 [J]. 专利代理, 2019 (1): 7.

[5] 刘冬梅. 从发明构思角度探讨最接近的现有技术的选取 [J]. 专利代理, 2019 (4): 61-65.

[6] 李宁馨. 浅析专利审查中的公知常识 [C]// 中华全国专利代理人协会. 2014年中华全国专利代理人协会年会第五届知识产权论坛论文集, 2014.

[7] 刘雯鑫. 公知常识判定的"三步法" [J]. 中国发明与专利, 2019, 16 (9): 107-111.

[8] 周小祥. 由一起专利复审案件谈创造性评述中对发现, 提出技术问题要素的考量 [C]// 中华全国专利代理人协会. 2015年专利代理学术研讨会, 2015.

致 谢

2008年，我刚上大二，在乘车回家的路上，偶遇了一个初中同学，他向我介绍了专利及专利代理的前景。那是我第一次接触专利，听起来觉得它离我很遥远。2011年，我在读研期间选修了知识产权的相关课程，加深了对知识产权行业的了解。同时，我在导师的指导下将开展课题研究的成果，整理成发明专利申请并进行了递交。在朋友们的鼓励下，我报名参加了2013年的专利代理师考试。当年，湖南省知识产权局邀请了国家知识产权局的老师，为我们开展考前培训。在培训课堂上，我目睹了老师们温文尔雅、腹有诗书的人格魅力，那时我就想，如果能与这样的一群人共事，将是一件很愉快的事；如果能成为像他们一样的人，将是一种令人满意的人生状态吧。

幸运的是，我顺利通过了专利代理师考试，并最后在一家受人尊敬的专利代理机构执业。我遇到了多位经验丰富的师父，他们愿意跟我一起讨论案件，并给予我耐心的指导。同时，我在执业初期也承担了大量的审查意见答复工作，这极大地促进了我对《专利法》《专利审查指南》的理解，锻炼了我处理审查意见的能力，并反哺到专利新申请的撰写工作中。

这本书是对我多年工作的总结，感谢我的师父秦华老师、何家富老师，是他们引导我站在合适的立场，把握答复的原则；感谢我的客户、我的同事，是他们在工作中给予我信任和支持；感谢各位专利代理师前辈的热忱分享，如李鑫老师、韩一星老师等，是他们推动了专利代理师队伍的不断进步，本书中也不乏他们的观点，同时，本书也参考了行业精英们的论点，尽管我尽可能地列出引用的出处，但是难以保证全面，疏漏之处敬请谅解，在此一并感谢！我还要感谢我的丈夫黄凤祥先生，是他一直鼓励我完成本书，并在生活中分担了大量的家务，使我在工作之余有时间思考和写作。最后，本书的出版得到了好友胡功文先生、前辈周国臻老师的鼎力支持，他们作为出版人的专业经验是促成本书出版的一缕东风，没有他们可能就没有您现在正翻阅的这本书。

  本书可以作为专利代理师开展工作的工具书，也可以为知识产权顾问、知识产权专业律师提供帮助。同时，申请专利的技术人员，在收到审查意见通知书后不能完全理解时，可以从本书中找到解释，并获得应对方案。最后，在企业、高校等从事知识产权管理工作的人员，也可以从本书中受益，减轻以往面对审查意见不知所措的焦躁，换成"兵来将挡，水来土掩"的心态，做到对每一件专利的授权前景心中有数，从而沉着有序地开展工作。

后　记

　　亲爱的读者，感谢您阅读本书，本书是我在专利代理工作中经验和体悟的总结，限于本人的认知水平有限，难免会有不足，甚至可能有误，也无法完全囊括所有审查意见类型的应对策略。书中的观点可能仅仅是一家之言，不一定能够保证运用在错综复杂的案件中使每一件都最终拿到授权。因此，建议读者持思辨的态度运用本书中的每一条兵法。

　　如果您在运用中有所体会，或者是产生了一些困惑，或者是发现了本书中的错误之处，或者是对于答复审查意见有不同的心得，欢迎来信，我的邮箱是 xiaoqin.608@163.com。收到您的意见和建议将是我莫大的荣幸，我期待着与各位朋友一起完成这本答复审查意见的"葵花宝典"，形成应对审查意见的 49 条兵法，72 条兵法，甚至 108 条兵法……

　　最后，祝福专利代理师在工作中不断提升自己的核心技能，写出审查员倾向于授权的专利申请文件，在答复审查意见中答到让审查员倾向于发出授权的点上，成就他人，成就自己！

刘小勤
2021 年 7 月